배준희

손으로 무언가 만드는 것을 좋아한다.

주얼리 디자이너, MD, 주얼리 세일즈, 주얼리 브랜드 론칭 등 다양한 주얼리 관련 업무를 거쳐 현재 연희동에서 준에이치 스튜디오를 운영하고 있다.

취미를 내 일로 만들고자 하는 사람들을 위한 금속 공예 클래스와 나만의 공방, 브랜드 창업을 꿈꾸는 사람들을 위한 컨설팅을 하고 있다.

홈페이지 www.junhstudio.com
인스타그램 @junhstudio @junharts

꿈을 담아,
공방

배준희 지음

The Story of My First Metal Workshop

꿈을 담아, 공방

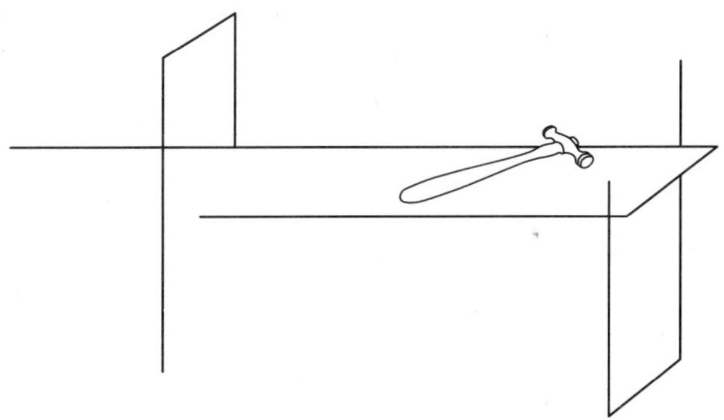

크루

프롤로그

꿈을 현실로 만들어 가고자 하는 이들에게

"나의 이름을 건 브랜드로 디자인도 하고 제작도 하는 공방을 운영하는 것이 꿈이에요."

하루에도 몇 통씩 전화와 메일로 상담받는 내용이다. 졸업을 앞두고 진로를 걱정하는 학생들, 적성에 맞지 않는 일들로 회사 생활에 지친 직장인들 그리고 아이를 키우며 경력이 단절된 주부들까지. 참 다양한 사람들이 다양한 이유로 자기만의 브랜드를 가지고 좋아하는 일을 하며 작업할 수 있는 나만의 공간, 공방을 꿈꾼다. 그들의 한결같은 고민은 "내가 좋아하는 일을 하며 원하는 만큼 돈도 벌고 싶은데 그게 과연 가능할까?"이다.

내가 좋아하는 일을 하며 즐겁게 사는 것은 누구나 꿈꾸는 일이다. 그러나 현실적으로 좋아하는 일을 하면서 원하는 미래를 꿈꾸는 것은 쉽지 않다. 꿈은 누구나 꿀 수 있지만 아무 노력도 하지 않고 꿈꾸기만 한다면 그건 그저 꿈일 뿐이다. 꿈을 현실로 만들기 위해서는 막연한 기대와 희망이 아닌 그 꿈을 현실로 만들기 위한 준비와 노력이 필요하다.

누구나 꿈과 현실의 삶 사이에서 고민한다. 꿈을 현실로 만드는 일은 너무 막연하고 실현 불가능해 보여 쉽게 용기 내지 못한다. “인생 별거 있어? 다 그렇게 사는 거지”라는 말처럼 우리는 현실과 타협해 살아간다. 그러나 꿈을 현실로 만드는 방법은 실현 불가능한 일만은 아니다. 그저 내가 좋아하는 일을 조금씩 찾아가며 하나씩 해 나가면 된다. 그러다 보면 어느새 꿈에 조금씩 가까워진 현실을 살고 있을 것이다.

이 책에는 좋아하는 일을 하겠다는 의지 하나로 준비 없이 시작했던 연희동 금속 공예 공방 ‘준에이치 스튜디오’가 10년이라는 시간 동안 시행착오를 겪으며 조금씩 변화하고 발전하는 이야기를 담았다.

Part 1에서는 내가 정말 하고 싶은 일을 찾고 시작하는 과정에서 꼭 알아야 할 이야기를 담았다. 단순한 취미를 내 일로 만들어 나가기 전 알아 두어야 할 현실적인 문제와 마음가짐에 대한 내용이다. Part 2는 본격적인 창업 준비 과정에 대한 이야기다. 나에게 맞는 공간을 찾고, 난생처음 부동산 계약도 하고, 내 손으로 인테리어를 하며 그동안 꿈꿔 왔던 공간을 꾸며 나가는 내용이다. Part 3은 손님의 마음을 움직이고 사랑받는 브랜드가 되기 위한 브랜딩에 대한 이야기다. 브랜드 이름과 컬러를 정하고 나만의 브랜드에 스토리를 담는 방법을 설명했다. Part 4에서는 제품을 잘 만들고, 잘 판매할 수 있는 노하우에 대해 이야기했다. 내가 만든 제품을 판매하는 공간 안에서 돋보이게 하는 방법과 손님을 응대하는 자세와 마음가짐에 대한 내용을 담았다. Part 5에서는 금속 공예 클래스를 통해 수강생을 가르치며 함께 성장하고 나아가는 이야기를 담았다. Part 6은 내가 좋아하는 이 일을 지치지 않고 더 오래, 더 즐겁게, 더 잘하기 위해 어떻게 하면 좋을지에 대한 이야기다. 마지막으로 Part 7은 준에이치 스튜디오에서 꿈을 찾아 그 꿈을 현실로 만들어 가는 사람들의 이야기다. 좋아하는 일을 찾아 각자의 방식으로 끊임없이 노력해 자기만의 브랜드와 공간을 꾸려 나간 그들의 이야기와 현재 진행형인 그들의 꿈을 인터뷰 형식으로 담았다.

아무도 알려 주는 사람 없이 혼자서 부딪치고 넘어지고 다치기도 하며 조금씩 나아가다 보니 참 오랜 시간이 걸렸다. 그렇게 하나씩 배워 나가며 조금씩 성장했다. 그리고 그 시간을 거쳐 현재의 나를 바라보니 내가 좋아하는 일을 하며 내가 원하는 공간에 있었다. 좋아하는 일을 하며 행복하게 사는 꿈을 꾸는 이들에게 이런 나의 이야기가 작은 도움이 되길 바란다. 그리고 나도 할 수 있을까 고민하며 망설이는 이들에게 시작할 힘이 되었으면 한다.

연희동 준에이치 스튜디오에서

배준희

차례

Part 6.

좋아하는 일을 즐겁게 오래 하려면

Part 7.

꿈을 현실로 만들어 가는 사람들

에필로그_

JUNH
JUNH
Handmade Jewelry
Metal craft class

Part 1.

내가 하고 싶은 일을 찾다

나를 되돌아보는 시간

나를 되돌아보는 시간은 왜 필요할까? 그것은 내가 어떤 사람인지, 내가 좋아하는 것은 무엇인지, 내가 잘할 수 있는 것은 무엇인지 정확히 알아야만 '내가 행복한' 일을 선택할 수 있기 때문이다. 내가 처음 나의 성향을 깨달은 건 우연히 떠난 여행지에서였다. 만약 내 인생의 전환점이었던, 퇴사와 이직을 거쳐 힘든 시기를 보내고 있었을 때 이 여행지의 기억을 되돌아보지 않았더라면 아마 지금 나는 공방 말고 다른 일을 하고 있었을지도 모른다.

어릴 때부터 그림 그리는 것을 좋아했던 나는 화가를 꿈꾸며 자연스럽게 미대에 진학했다. 그러나 막상 미대에 진학하고 보니 '내가 선택한 전공과 진로가 내가 정말 원하는 것이 맞나?'라는 생각이 자꾸만 들었다. 그리고 대학 졸업 후 배고픈 예술가로 살 것인지 아니면 안정적인 직장에 취업할 것인지를 놓고 현실적인 고민을 하는 선배들을 보며 졸업 후 내 미래는 어떻게 될까 불안해하는 시간이 점차 늘어 갔다. 그렇게 고민하며 대학 생활을 하던 어느 날, 우연히 한 다큐멘터리에서 이국적인 모양이 가득한 페르시안 카펫과 상점마다 원석 주얼리들이 주렁주렁 걸려 있는 그랜드 바자르◆의 풍경을 보게 되었다. 그곳에 가면 내가 원하는 무언가를 찾을 수 있을 거란 막연한 기대감이 들었다. 그리고 나는 그날 바로 휴학을 결심하

◆ 터키 이스탄불에 위치한 대형 실내 시장.

고 혼자 터키로 떠났다.

이스탄불에서 시작해 끌리는 곳을 찾아 발길 닿는 대로 여기저기 돌아다니다 보니, 계획했던 일정은 짧은 터키 여행에서 이스라엘과 요르단까지 이어지는 긴 여정으로 바뀌었다. 게다가 설상가상으로 그랜드 바자르에서 홀딱 반해 사들인 터키석 원석과 형형색색의 보석들, 다양한 장신구와 소품들 때문에 여행 경비도 바닥이 났다. 집에 전화해서 경비를 보내달라고 할까 잠시 망설였지만, 그런 전화를 걸면 부모님은 여행을 접고 빨리 한국으로 돌아오라고 하실 것이 불 보듯 뻔했다. 나는 아직 조금 더 보고 싶은 것들이 있었다.

그래서 부모님의 도움 없이 스스로 경비를 마련해 남은 여행을 무사히 마치기로 마음먹었다. 때마침 나의 이런 사정을 알고 있었다는 듯, 매일 아침을 해결하던 숙소 근처 카페 사장님이 좋은 소식을 전해 주셨다. 근처에 있는 작은 식료품점에서 일일 아르바이트생을 구하고 있다는 내용이었다. 나는 곧바로 식료품점을 찾아가 아르바이트에 자원했다. 손재주가 좀 있냐는 사장님의 질문에 바로 "YES!"를 외치며 "제 전공이 ART예요."라고 하자, 바로 다음 날부터 출근하라는 합격 통지가 떨어졌다.

아르바이트 당일, 내가 해야 할 일은 나무로 만든 바구니에 통조림, 잼, 치즈, 소시지 등을 넣고 그것을 예쁜 포장지로 포장해 선물 세트로 만드는 일이었다. 평소 무언가를 포장하거나 꾸미는 것을 좋아했던 나에게는 어렵지 않은 일이라 서른 개의 바구니를 주어진 시간보다 빠르게 포장했다. 그리고 내 빠른 손놀림에 놀란 사장님이 곧 다음 미션을 주었다. 매장 식료품 진열대 정리였다. 먼지가 가득한 진열대에는 물건들이 질서 없이 어지럽게 놓여 있었고, 층층이 쌓여 있는 물건들은 꺼내기에도 불편해 보였다. 나는 우선 먼지를 깨끗하게 털어 내고 상품을 종류별, 브랜드별, 패키지별로 진열하기 시작했다. 그리고 쌓여 있던 물건들은 손님이 꺼내기 쉽도록 동선을 정리해 방향을 바꿨다.

누가 봐도 깔끔하게 정리된 진열대를 본 사장님은 "손도 빠르고 정리도 어쩜 이렇게 깔끔하게 할까!"라며 폭풍 칭찬을 퍼부었고, 나도 내심 뿌듯해했다. 그래서 뭔가 더 할 것은 없나 주변을 둘러보았더니, 내가 정성 들여 리본을 묶고 예쁘게 포장했던 선물 바구니들이 바닥에 볼품없이 널려 있는 것이 아닌가? 하지만 선반은 이미 다른 물건들로 가득 차 있었고, 진열할 공간도 마땅히 없었다. 그렇다고 바구니를 바닥에 둘 순 없었다. 고민하던 내 눈에 매장 구석에 세워져 있던 사다리가 눈에 띄었다. 나는 사다리를 가져와 매장 진열대 옆에 세워 두고 거기에 층층이 바구니를 올려놓았다. 그러자 눈에도 잘 띄고 꽤 그럴싸한 장식적 효과도 더해졌다. 진열과 포장 덕분이었는지 그날 선물 바구니는 몇 개 남지 않고 거의 다 팔렸다. 흡족한 사장님은 "내일도 출근해 줄 수 있지?"라고 말했고, 아르바이트 둘째 날에 나는 태어나서 처음으로 정직원 제안을 받았다. 그것도 이스라엘

텔아비브에서.

프랑스의 소설가 마르셀 프루스트는 "진정한 여행이란 새로운 풍경을 보는 것이 아니라 새로운 눈을 가지는 것"이라고 했다. 그의 말처럼 우연히 본 풍경에 이끌려 계획 없이 떠난 여행지에서 나는 그전까지 내가 미처 알지 못했던 새로운 나의 모습을 보게 되었다.

스물두 살이라는 어린 나이에 겁도 없이 6개월이라는 짧지 않은 기간을 혼자 여행하면서 나는 내가 어떤 성향의 사람인지 무엇을 좋아하는지 알 수 있었다. 하나, 나는 어떤 것에 얽매이지 않고 자유로운 것을 좋아하는 독립적인 사람이었다. 그리고 낯선 환경이나 새로운 것에 호기심을 가지고 그것을 경험하는 것을 즐거워한다는 걸 알게 되었다. 둘, 여행지마다 방문했던 박물관, 갤러리 그리고 여행하는 동안 사들인 형형 색깔의 원석, 금속 소품, 장신구들을 보면서 내가 좋아하는 것을 명확히 알게 되었다. 셋, 비록 짧은 시간이었지만 처음으로 내 능력을 인정받았던 아르바이트 경험을 통해서 내가 무언가를 기획하고 돋보이게 하는 것 그리고 창의적으로 무언가 만드는 것을 잘한다는 사실을 알게 되었다.

그렇게 혼자만의 여행을 마치고 다음 학기에 복학한 뒤, 내가 잘할 수 있으면서 동시에 좋아할 수 있는 일이 무엇인지 고민하기 시작했다. 그러면서 자연스럽게 떠오른 꿈이 바로 주얼리 디자이너였다. 내가 잘하는 그림을 그리는 일과 좋아하는 보석에 관련된 일을 함께 할 수 있다는 것만으로도 꽤 잘한 선택이라는 생각이 들어 평생 이 일을 해야겠다고 마음먹었다.

졸업 후 주얼리 디자이너가 되기 위해 제일 먼저 한 일은 관련 분야의 전문 교육 기관을 찾아가 자격증을 취득한 것이었다. 처음엔 자격증까지 딸 생각은 없었다. 우선 내가 제일 관심이 있었던 주얼리 디자인과 보석 감정을 배우기로 했고, 공부하다 보니 기왕 시작한 김에 자격증도 준비해 두면 취업에 도움이 될 것 같다는 생각이 들었다. 또 전문성을 인정받으면 조금 더 오래 잘할 수 있을 것 같아 보석 감정사 자격증을 취득했다. 그렇게 관련 분야를 배우고 자격증을 취득하니 어느 정도 자신감이 생겼고, 그래서인지 어렵지 않게 취업을 할 수 있었다.

하지만 처음의 내 결심과 달리, 내가 선택한 일은 주얼리 디자이너가 아닌 상품 기획자(MD)였다. 그 이유는 디자이너보다 상품 기획자의 모집 공고가 더 많아 취업을 좀 더 빨리 할 수 있었고, 연봉이나 근무 조건도 더 좋았기 때문이다. 처음에는 조금만 더 마음의 여유를 가지고 내가 원하는 주얼리 디자이너 입사를 기다려 볼까 고민도 했지만, 브랜드의 콘셉트와 상품을 구성하고 판매까지 하는 전반적인 업무를 경험할 수 있는 상품 기획자도 배울 것이 많다는 생각이 들었다. 그리고 무엇보다 하루라도 빨리 백수 타이틀에서 벗어나 번듯한 직장인이 되고 싶었다. 그렇게 나는 현실을 선택했다.

나의 첫 직장은 이탈리아 주얼리를 수입하는 회사였다. 회사에서 수입한 주얼리들은 다양한 곳에서 판매가 되었는데 나는 그중 홈쇼핑 판매를 기획하는 일을 맡았다. 내가 기획한 상품의 방송이 있는 날은 그동안 밤새워 공부한 시험 결과가 나오는 날처럼 떨림과 두려움이 가득했다. 방송 후 매출이 좋은 날은 다음 날 회사에 가벼운 발걸음으로 출근할 수 있었지만, 매출이 좋지 않은 날은 출근하는 발걸음이 그렇게 무거울 수가 없었다. 정말 어디로든 사라져 버리고 싶은 날들이었다. 때때로 매출이 좋아 안심하고 마음을 놓고 있다가도 반품과 A/S 등의 불만과 항의 전화가 밀려오는 날도 있었다. 하루하루가 살얼음판을 걷는 기분이었다. 모든 책임이 기획을 한 나에게 돌아오는 구조라서 막중한 책임과 스트레스로 숨도 편히 쉬어지지 않았다. 어느 날이었다. 출근하자마자 온몸에 힘이 빠지고 눈앞이 깜깜해지면서 그대로 정신을 잃었다. 눈을 떠 보니 병원이었다. 이 일이 있고 난 후 나는 퇴사를 결심했다.

퇴사 후 내가 지치지 않고 정말 즐겁게 오래 할 수 있는 일을 찾아보기로 했다. 그러나 그동안 쌓아 온 시간과 경력을 버리고 신입으로 다시 시작할 용기가 도저히 나지 않았다. 결국, 경력을 인정해 주는 좋은 조건의 입사 제안을 받고 또다시 현실을 선택했다. 새로 들어간 회사에서도 역시 상품 기획을 맡게 되었다. 프랜차이즈 주얼리 브랜드 회사였는데 매장 오픈 준비부터 인테리어, 상품 기획, 매출 관리, 판매 지원까지 이전 회사보다 더 많은 일을 했다. 하루도 빠지지 않고 매일 야근에 주말도 없이 일했다. 내가 공들여 오픈한 매장의 매출이 오르고 기획한 상품의 반응이 좋아 인정받는 것은 보람 있고 기쁜 일이었다. 그러나 그 기쁨 뒤엔 늘 무언가 모를 허무함이 있었다.

'나도 누군가를 위한 일이 아닌, 나를 위한 일을 하고 싶다'라는 생각이 하루하루 커져만 갔다. 결국 나는 또 한 번 퇴사했다. 퇴사 후 정말 나를 위해 할 수 있는 일이 무엇일까? 고민하던 중 불현듯 대학교 휴학 후 떠난 터키 여행의 기억이 떠올랐다. 내가 좋아하는 것을 찾아내 스스로 원하는 것을 만들어 가던 그때의 내가 가장 행복하고 나다웠다는 생각이 들었다. 더 이상 나를 위한 것들이 아닌 일들을 하며 내 인생을 낭비하고 싶지 않았다. 나는 내가 좋아하는 일을 하며 살기로 했다. 이때부터 남의 가게가 아닌 내 가게를, 공방 창업을 꿈꾸기 시작했다.

지금 돌아보면 내가 공방을 운영하게 된 계기가 바로 터키 여행이었다. 그때의 기억이 퇴사 후 무슨 일을 해야 하나 방황하던 나에게 이정표가 되어 주었고, 현재의 나를 만들어 주었다. 만약 이 책을 읽는 당신도 '내가 좋아하는 일이 무엇이고, 내가 잘하는 건 뭐지?' 하고 고민된다면 현재의 시점에서 과거로 돌아가 나를 천천히 되돌아보자. 어쩌면 생각보다 쉽게 답을 찾을 수 있을지도 모른다.

내가 좋아하는 것을 일로 만들어 가기

누구나 좋아하는 일을 즐겁게 오랫동안 하며 원하는 만큼 수익도 얻고 직업으로도 만드는 '덕업일치'를 꿈꾼다. 실제로 좋아하는 것을 찾아 단순히 취미로 시작했지만, 점점 빠져들어 깊이 공부하다 보니 그 분야의 지식과 경험이 쌓여 전문가가 되고 자연스럽게 일로 연결된 사람들을 주변에서 어렵지 않게 볼 수 있다. 그들은 어떻게 좋아하는 일을 직업으로 만들었을까? 운이 좋은 사람들이라며 부러워하기보다 그들이 어떻게 꿈을 현실로 만들었는지 그 방법과 그 뒤에 숨어있는 노력 그리고 준비한 시간에 집중해 보자.

내가 좋아하는 것을 내 일로 만들기 위해서는 우선 내가 정말 좋아하는 것이 무엇인지를 알아야 한다. 스티브 잡스는 한 인터뷰에서 이렇게 말했다.

"그 분야에서 성공하기 위해선 특정 시간 동안 그 일을 계속해야 한다. 그러므로 자신이 하는 일을 좋아하지 않으면, 그 일을 할 때 재미가 없으면 결국 포기하게 된다. 대부분의 성공한 사람들은 자신이 하는 일을 좋아하는데 그래서 정말 힘든 순간이 왔을 때 버틸 수 있는 힘을 가진다. 그러나 자신의 일을 좋아하지 않는 사람은 거기서 포기하고 결국 언젠가는 실패하게 된다."

두 번의 퇴사 경험으로 내가 좋아하는 일을 하며 살기로 마음먹은 후, 제일 먼저 한 일은 꿈과 현실의 갈림길에서 잠시 미뤄 두었던 주얼리 디자이너가 되기 위해 취업한 것이었다. 또다시 회사에 들어간 이유는 막연하게 내 공방을 가지고 싶다는 생각만으로 창업을 하기에는 준비도 경험도 너무 부족하다고 생각했기 때문이다. 그래서 회사 생활을 통해 경험을 쌓고 충분히 준비한 후 창업하기로 했다. 천천히, 하지만 확실하게 창업을 위한 준비 시간을 갖기로 했다.

앞서 말했듯 나는 주얼리 디자이너로 일하고 싶었지만, 하루라도 빨리 취업해서 경험을 쌓고 싶은 조급한 마음에 상품 기획자라는 현실을 선택했다. 물론 상품 기획자로 일하면서 많은 경험들을 얻었지만 정말로 내가 하고 싶었던 일은 아니었기 때문에 이번에는 내가 정말 하고 싶었던 일인 주얼리 디자이너로서의 경험을 쌓기 위해 조급해하지 않고 천천히 기회가 오기를 기다렸다. 그리고 두 번의 이직을 거쳐 드디어 주얼리 디자이너로 일하게 되었다. 생각했던 것처럼 내가 좋아하는 보석들을 감정하고 디자인하는 것은 정말 즐거운 일이었다. 하지만 힘든 점이 한 가지 있었는데, 제작 과정에 전혀 지식이 없던 나는 공장 사장님과의 커뮤니케이션이 늘 힘들었다. 내가 열심히 디자인하고 내심 만족했던 주얼리 디자인이 공장에서 제작 후 전혀 다른 결과물이 되어 나오는 일이 허다했다.

"사장님, 이건 제가 처음에 요청했던 디자인이 아닌데요. 다시 만들어 주셔야 할 것 같아요."

"그건 그렇게 밖에 안 되는 디자인이야. 애초에 제대로 된 디자인을 해 왔어야지! 디자이너가 뭘 알겠어. 그림이나 그릴 줄 알지."

그런 일이 반복되자 답답함이 점점 궁금함으로 변하기 시작했다. '정말 만들 수 없는 디자인인가?', '왜 안 되는 걸까?' 나는 그 해답을 찾기 위해 그림이나 그릴 줄 아는 디자이너가 아닌, 만들 줄도 아는 디자이너가 되기로 했다. 그래서 잘 다니고 있던 회사를 그만두고 다시 배움의 길을 선택했다. 그렇게 들어간 대학원에서 제작 과정을 배우며 새로운 사실을 알게 되었다. 그건 바로 내가 그림을 그리고 디자인하는 것보다 만드는 것에 더 흥미를 느낀다는 것이었다. 내가 디자인한 주얼리가 제작자의 손을 거쳐 완성되는 것도 뿌듯했지만 내 손으로 만들어 가는 즐거움과 매력은 비교할 수 없을 만큼 컸다. 그렇게 내 일을 더 잘하기 위해 부족한 것들을 채워 나가는 배움의 과정에서 내가 정말 좋아하고 잘하는 것을 재발견하게 되었다. 그리고 그때 그 디자인을 제작할 수 없는 이유와 공장 사장님이 가슴을 치며 답답해하는 이유도 뒤늦게 알게 되었다.

대학원 졸업 후 내가 좋아하는 주얼리 브랜드에서 백화점 판매 아르바이트를 잠깐 한 적이 있다. 아르바이트가 오후 타임이었기 때문에 오전에는 근처 액세서리 학원에서 비즈 공예를 배웠다. 당시 비즈 공예가 한창 유행이었는데, 나는 크리스털 비즈 대신 천연 원석을 넣은 나만의 디자인으로 주얼리를 만들었다. 아르바이트가 없는 날은 동대문 종합상가와 남대문 시장을 돌며 좋아하는 원석과 부자재들을 사 모았고, 직접 하나하나 디자인해 밤새 주얼리를 만들었다. 만들다 보면 어느새 날이 밝아있었고, 그렇게 빨갛게 충혈된 눈으로 내가 만든 원석 주얼리들을 주렁주렁 착용하고 아르바이트를 나갔다.

하루는 친하게 지내던 옆 매장 직원이 내 손목에 있는 팔찌를 보고 "너무 특이하고 예쁜데 나도 살 수 있을까?" 하고 물었다. 처음에는 판매할 생각이 없어 몇 번 거절했지만, 여러 번 같은 질문을 들으니 '한번 판매해 볼까?' 하는 생각이 들었다. 이후 소문을 듣고 주변 매장 여직원들이 몰려왔고 하루가 다르게 주문량이 늘어 갔다. 나중에는 아르바이트로 버는 돈보다 훨씬 많은 돈을 벌게 되었고, 운이 좋게도 백화점 근처의 주얼리 숍에 내가 만든 주얼리를 위탁 판매하게 되었다. 내가 좋아하는 일로 아르바이트를 하고 내가 만든 것들을 소소하게 판매해 보면서 생각지 못한 좋은 기회를 만나 값진 경험을 쌓을 수 있었다.

내가 좋아하는 일을 나의 일로 만들기까지는 오랜 시간이 걸렸다. 그리고 그 일을 잘하기 위한 준비를 해 나가는 과정은 더더욱 쉽지 않았다. 관련 지식과 기술을 배우고, 자격증을 취득하고, 2번의 이직과 3번의 퇴사 과정을 거치고, 부족한 것을 채우기 위해 다시 학교로 돌아가 공부하고, 아르바이트로 경험을 쌓으면서 일을 배워 나가는 짧지 않은 시간이었다. 하지만 그 시간과 경험을 통해 많은 것을 배웠고, 마침내 내가 정말로 좋아하는 일을 찾게 되고 더 잘하게 되었으니 하나도 아깝지 않은 시간이었다.

내가 좋아하는 이 일을 오랫동안 잘할 수 있는 나의 일로 만들고 싶다면 조급해하지 말고 차근차근 하나씩 시작해 보자. 금속 공예 관련 분야의 교육 기관이나 집 근처의 작은 공방, 그것도 힘들다면 온라인 클래스도 좋다. 그렇게 조금씩 시작해 시간을 투자하고 실력을 쌓아 나간다면 내가 좋아하는 일이 잘하는 일이 될 것이다. 그리고 평생 할 수 있는 내 일이 될 것이다.

유럽 공방 투어

내가 좋아하는 일을 잘하게 되었을 즈음부터 나는 본격적으로 공방 창업 준비를 시작했다. 하지만 당장이라도 내 공방을 가지고 싶은 마음과 달리, 막상 어떻게 만들어 가야 할지 막막하기만 했다. 당시 우리나라에는 공방이 많지 않았고 공방이라는 개념조차 생소했기 때문에 벤치마킹할 공간이 없었다. 막연한 꿈만 꾸고 있을 무렵 우연한 기회에 독일, 이탈리아, 프랑스, 영국으로 유럽 공방 투어를 하게 되었다.

대학원 졸업 후 독일 카를스루에(Karlsruhe)라는 도시에서 열리는 아트 페어에 영 아티스트로 참가한 적이 있다. 다양한 공예 작가들이 직접 디자인하고 제작한 작품들을 전시 · 판매하는 꽤 규모 있는 아트 페어였다. 아트 페어에 참가했던 작가들과 함께 전시 준비를 했는데, 작품의 제작 과정이나 사용한 재료에 대해 궁금한 것들을 물어보면서 작업에 관한 이야기를 나누다 보니 페어가 끝나갈 무렵에는 어느새 연락처를 주고받는 가까운 사이가 되었다.

페어가 끝난 후 유럽의 도시들을 여행하면서 몇몇 공방을 방문하려고 계획을 세워 두었는데, 아트 페어에서 연락처를 주고받은 작가들의 공방을 방문해 보는 것도 좋겠다는 생각이 들었다. 새롭게 발견한 마음에 드는 공방과 평소 SNS에서 봐 두었던 관심 가는 공방 그리고 여기에 추가로 아트 페어에서 만난 작가들의 공방을 방문하는 것으로 여행 계획을 수정했다. 그렇게 여러 나라의 다양한 공방들을 둘러보며 공방이 작가의 성향과 작업 형태 그리고 라이프 스타일에 맞는 각각의 형태가 있다는 것을 알게 되었다. 그리고 공방을 운영하는 작가들을 만나 여러 가지 궁금한 것들을 물어보기도 하고 직접 눈으로 보기도 하면서 막연하게 머릿속에서만 그려 왔던 내 공간이 조금씩 형태를 갖춰 나가기 시작했다.

로라와 스테파니의 내 집 작업실+온라인 판매+아트 페어+위탁 판매

공방 투어의 첫 방문은 영 아티스트로 함께 참가했던 독일 친구 로라와 스테파니의 공방이었다. 로라와 스테파니는 한집에 사는 하우스 메이트로 금속 공예로 유명한 포르츠하임대학을 졸업하고 여러 도시의 갤러리와 숍에 작품을 판매하고 있었다. 그들의 작업실은 그들이 거주하고 있는 집이었다. 거실을 둘만의 공동 작업실로 꾸며 놓았고, 거실 한편에는 작품 사진을 찍을 수 있는 작은 스튜디오도 있었다.

로라는 꽃이나 식물을 모티브로 작업했는데, 거실 테라스의 작은 화단에 있는 식물들을 가꾸면서 싹이 나고 무럭무럭 자라 꽃을 피우는 과정을 관찰해 그것을 주얼리로 표현한다고 했다. 그리고 작업을 하다가 테라스에 있는 작은 테이블에서 직접 요리한 음식들로 점심을 먹고 다시 거실로 돌아가 작업을 하는, 한마디로 작업과 생활이 공존하는 부러운 삶이었다.

전시와 위탁 판매만으로는 수입이 일정하지 않았기 때문에 근처 편집매장에서 주 2일~3일 아르바이트를 하고, 그 외의 시간은 작업하며 생활을 유지한다고 했다. 집에서 작업을 하니 임대료 걱정은 물론 출퇴근 시간에 구애받지 않고 자유롭게 원하는 시간에 일한다는 것은 큰 장점이었다. 하지만 스스로 나태해지지 않도록 철저한 시간 관리가 필요하겠다는 생각이 들었다.

AVEDA

미아의 쇼룸+공동 작업실

다음 목적지는 카를스루에에서 기차로 1시간이면 갈 수 있는 도시 슈투트가르트(Stuttgart)에 있는 미아의 공방이었다. 미아의 공방은 쇼룸과 공동 작업실이 함께 있는 공간으로 모던한 외관의 공방이지만 쇼윈도에는 오래된 책과 잡지들을 찢어 붙여 만든 마네킹 등 독특한 디스플레이 소품들이 전시되어 있어 시선을 끌었다. 디스플레이 소품들은 주얼리 디자인에 맞게 시즌별로 직접 제작한다고 했다. 실제로 마네킹에 핸드메이드 느낌이 물씬 나는 실버 주얼리들이 디스플레이되어 있었는데 지나가는 사람들의 시선을 끌 만했다.

내부로 들어가면 작품을 전시하고 판매하는 쇼룸 공간과 작업 공간이 분리되어 있었다. 공간의 분리는 곡선으로 된 긴 의자 형태를 띤 가벽으로 되어 있었는데, 가벽 용도뿐만 아니라 손님들이 앉을 수 있는 의자 용도로도 쓸 수 있어 좋은 아이디어라는 생각이 들었다. 가벽 뒤로는 미아와 함께 작업하는 작가들의 작업 책상과 공구들이 놓여 있었다. 그곳에서 여러 명의 작가가 함께 작업하며 제작한 주얼리들은 쇼룸에서 판매된다고 했다. 여러 작가가 함께 사용하는 공간인 만큼 쇼룸과 작업 공간의 분리가 동선에 맞게 효율적으로 그리고 공간에 어울리게 잘되어 있었다.

미아의 공방은 함께 작업하는 작가들이 요일과 시간을 나누어 쇼룸 판매를 분담하고 있어서 따로 판매 직원이 필요 없었고, 임대료와 일을 분담 · 공유할 수 있는 등 장점이 많은 공방 형태였다. 그러나 따로 개인 작업을 할 수 있는 공간이 없어서 독립된 작업을 원하거나 개인적인 공간이 필요한 사람들에게는 맞지 않아 보였다.

알리샤의 1층 쇼룸+2층 작업실+클래스

런던에 있는 알리샤의 공방은 1층은 쇼룸 2층은 작업실로 나뉘어 있었고, 1층 문 앞에는 손으로 쓴 작은 안내 문구가 붙어 있었다. "2층에서 작업 중입니다. 용건이 있는 분은 벨을 눌러 주세요!" 1층은 직접 만든 주얼리를 전시하고 판매하는 공간, 2층은 작업하는 공간으로 사용하고 있었고 가끔 워크숍을 열기도 한다고 했다. 쇼룸은 예약제로 오픈하거나 벨을 누르면 2층에서 내려와 문을 열어 주는 시스템이었다.

판매와 작업실의 공간 분리가 확실하게 되어 있어 작업이나 클래스에 집중하기에는 좋을 듯 보였지만 벨을 누를 때마다 손님을 맞기 위해 2층에서 내려와야 하는 수고로움이 있었고, 쇼윈도에서 두리번거리다가 벨 누르기가 꺼려져서 그냥 지나치는 손님들이 많아 보였다. 1층 쇼룸을 관리하는 직원이 필요해 보인다는 생각이 들었고, 좋은 위치와 공간을 충분히 활용하지 못한다는 아쉬움이 남는 공간이었다.

지오의 쇼룸+작업실+플리마켓

우연히 들어간 피렌체에 있는 지오의 공방은 골목 안쪽에 위치한 4평~5평 정도로 보이는 작은 공간이었다. 쇼윈도 앞 작은 테이블에는 직접 만든 작업물이 전시되어 있었고, 내부로 들어가면 입구를 마주한 작업대가 바로 보였는데 작업을 하면서도 손님이 들어오고 나가는 것을 쉽게 확인할 수 있어 손님을 바로 응대할 수 있었다. 그리고 쉽게 여닫을 수 있는 유리 케이스 안에 주얼리가 진열되어 있어서 착용을 직접 도와주지 않아도 손님들이 스스로 편하게 착용할 수 있었다.

지오의 공방은 작업하는 공간과 쇼룸이 함께 운영되다 보니 판매되는 주얼리가 핸드메이드라는 것을 굳이 설명하지 않아도 눈으로 직접 확인이 가능했다. 그리고 만드는 것을 직접 보며 궁금한 것을 질문할 수도 있었고, 사이즈 조절이나 간단한 수리는 그 자리에서 바로 해결해 줄 수도 있었다. 특히 작업하는 공간이 오픈되어 있어 곳곳에 놓여 있는 작업 공구들이 마치 디스플레이한 듯한 효과를 주어서 특별히 인테리어에 신경 쓴 흔적이 보이지 않았음에도 예술가의 작업실 같은 느낌을 주는 공간이었다.

그리고 유동 인구가 적은 골목 안 상권이라 판매 수입이 많지 않았기 때문에 주말에는 종종 플리마켓에 나가 작품을 판매한다고 했다. 지오의 공방은 큰 비용을 들이지 않아도 공방을 꾸미고 작업과 판매를 한 공간에서 함께 할 수 있다는 점에서 처음 공방을 시작하는 사람들이 쉽게 접근할 수 있는 공방 형태라는 생각이 들었다.

그렇게 3개월에 걸친 공방 투어를 마치고 나에게 맞는 공방은 어떤 형태이고 또 어떻게 만들어 가야 할 것인지 조금씩 그림이 그려지기 시작했다. 나는 내가 작업할 수 있는 공간과 제품을 전시하고 판매할 수 있는 공간인 '작업실+쇼룸' 형태의 공방이 갖고 싶었다. 나도 빨리 내가 원하는 공간에서 꿈꿔 왔던 나만의 공방을 만들어 나가고 싶다는 마음이 점점 간절해졌다.

꿈꾸던 내 공간을 위한 마인드맵

내가 꿈꿔 왔던 공간을 만들기 위해서는 우선 내가 원하는 공간은 어떤 모습이면 좋을지 머릿속에 떠올려 보자. 그리고 떠오르는 생각이 그저 머릿속에서만 맴돌다가 사라지지 않도록 생각나는 것을 하나씩 써 내려가며 나만의 마인드맵을 그려 보면 생각을 정리하는 데 도움이 된다.

공방은 크게 작업, 판매, 클래스로 공간을 구분해 볼 수 있다. 이 중에서 어떤 공간을 선택할지는 개인의 선택이지만 알아 두어야 할 것이 있다. 공방은 내가 좋아하는 공간이자 나를 위한 공간으로 만들어 가는 것이 맞다. 하지만 내가 좋아하는 것만 하면서 살 수 없듯 내가 좋아하는 이 공간을 오래 유지하기 위해서는 하기 싫은 일을 해야 할 수도 있다. 현실적으로 처음 공방을 오픈하면 원하는 만큼의 수입을 얻으면서 공방을 어려움 없이 잘 운영하는 것은 생각보다 쉽지 않다. 대부분의 공방이 한 가지 일보다 작업, 판매, 클래스 등 여러 가지 다양한 일을 하는 이유이기도 하다.

다행히 내가 작업도 좋아하고, 판매도 자신 있고, 클래스도 운영할 마음이 있다면 또 그런 공간을 꿈꿔 왔다면 금상첨화겠지만 그렇지 않고 좋아하는 한 가지 일에만 집중하고 싶다면 조금 고민이 될 것이다. 또 내가 좋아하는 일을 하고 싶어 공방을 오픈하려는 것인데 하기 싫은 일도 해야만 하는지 머리가 복잡해질 수도 있다. 그러나 조금만 현실적으로 생각해 보자. 만드는 것을 좋아한다고 작업실의 용도로만 공간을 구상한다면 필요한 재료비와 월세는 어떻게 충당할 것인지 방법을 고민해야 한다. 만드는 것을 좋아한다면 내가 만든 것을 판매해서 공방을 유지할 수 있는 비용을 마련해야 하고, 판매로는 안정적인 수입이 불가능하다면 클래스를 운영해 고정 수입을 만들어야 한다.

이렇게 공방이 어느 정도 자리 잡기 전까지는 시간이 필요하고 그전까지 여러 가지 가능성을 열어 두고 좋아하는 일에 집중할 수 있는 때를 기다리는 것이 좋다. 중소벤처기업부와 통계청 자료에 따르면 소상공인들이 창업 후 폐업하는 비율은 1년 이내 37.6%, 3년 이내 62.2%, 5년 이내 72.7%로 나타났다고 한다. 폐업의 이유는 매출 증가는 제한적이지만 각종 비용과 지출 비용을 감당하지 못했기 때문이라고 한다.◆

공방은 내가 좋아하는 일을 하기 위한 공간이지만 동시에 수익을 얻어야 하는 공간이기도 하다. 내가 좋아하는 것, 잘할 수 있는 것 그리고 좋아하진 않더라도 좋아하는 것을 하기 위해 해야 할 일들의 우선순위와 비중을 정하고 공방 마인드맵을 그려 보자.

◆ 소상공인 창업 1년 이내 폐업률 37.6%. http://sbiznews.com/news/?action=view&menuid=61&no=40592

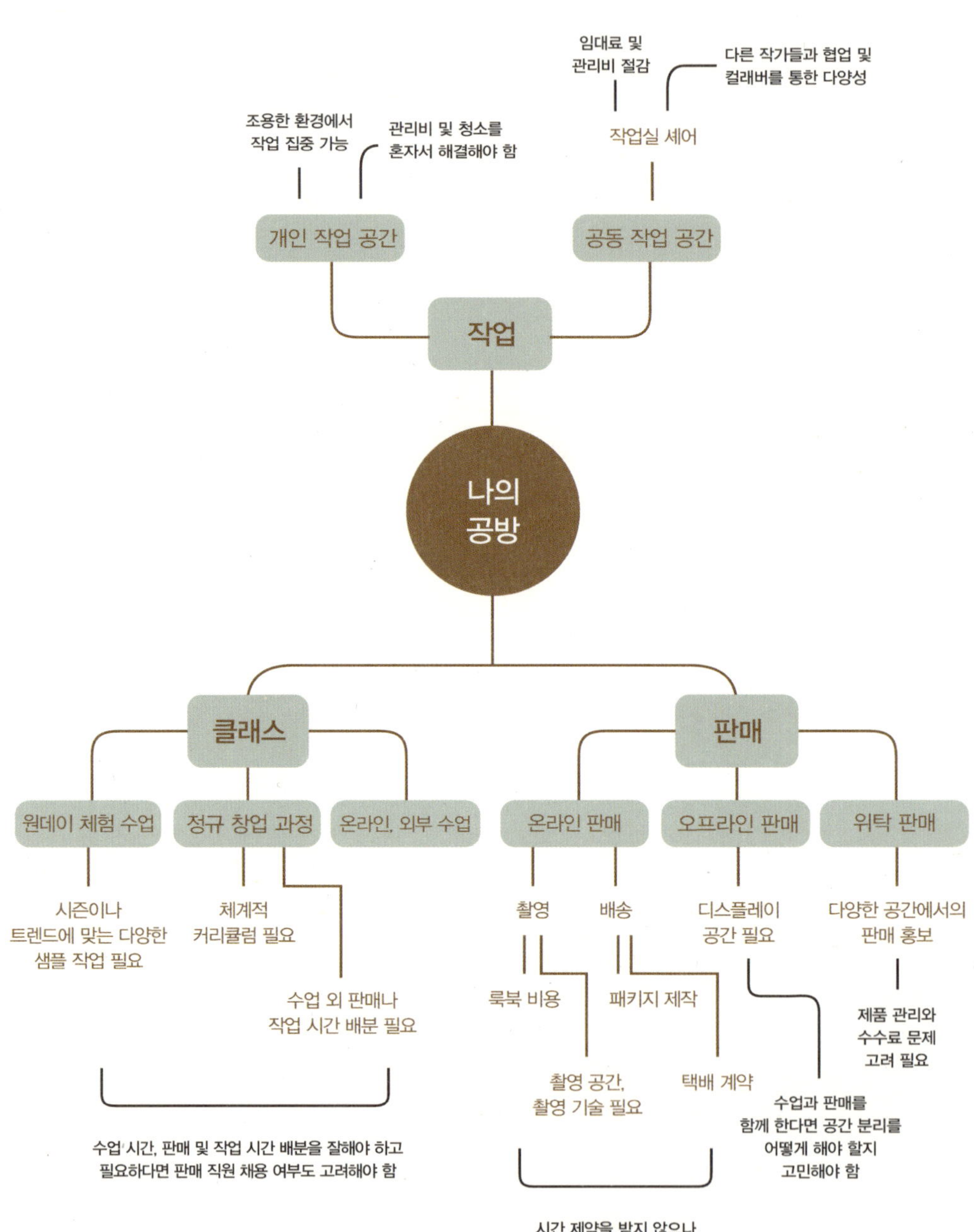

임대료 및
관리비 절감
다른 작가들과 협업 및
컬래버를 통한 다양성
조용한 환경에서
작업 집중 가능
관리비 및 청소를
혼자서 해결해야 함
작업실 셰어
개인 작업 공간
공동 작업 공간
작업
나의
공방
클래스
판매
원데이 체험 수업
정규 창업 과정
온라인, 외부 수업
온라인 판매
오프라인 판매
위탁 판매
시즌이나
트렌드에 맞는 다양한
샘플 작업 필요
체계적
커리큘럼 필요
수업 외 판매나
작업 시간 배분 필요
촬영
배송
룩북 비용
패키지 제작
촬영 공간,
촬영 기술 필요
택배 계약
디스플레이
공간 필요
다양한 공간에서의
판매 홍보
제품 관리와
수수료 문제
고려 필요
수업과 판매를
함께 한다면 공간 분리를
어떻게 해야 할지
고민해야 함
수업 시간, 판매 및 작업 시간 배분을 잘해야 하고
필요하다면 판매 직원 채용 여부도 고려해야 함
시간 제약을 받지 않으나
사진 촬영 기술 및 광고나 홍보 필요

나에게 맞는 공방 유형 찾기

TIP

나에게 맞는 공방은 어떤 유형인지 어디에 비중을 두어야 할지 알기 힘들다면 다음 사항들을 체크해 보자. 하나씩 체크해 보면서 나에게 해당 사항이 많은 공방 유형을 파악한 뒤, 공방을 어떤 공간으로 만들어 나갈지 결정하면 된다.

작업 위주의 공간이 맞는 사람

☐ 작업하는 것을 즐긴다.
☐ 혼자 있는 시간을 좋아한다.
☐ 사람들로부터 받는 스트레스에 민감하다.
☐ 집중력이 좋고 끈기가 있는 편이다.
☐ 남의 일에 관심이 없다.
☐ 새로운 사람 만나는 것을 힘들어하고 낯을 가린다.
☐ 외부 활동보다 익숙한 공간에 오래 있는 것을 좋아한다.
☐ 말이 많지 않고 조용한 편이다.

판매 위주의 공방이 맞는 사람

☐ 내 브랜드로 성공하고 싶다.
☐ 패션 트렌드와 유행에 민감하다.
☐ 다른 사람의 이야기를 잘 들어주며 리액션이 좋다.
☐ 내가 만든 제품을 설명하고 소개하는 것을 즐긴다.
☐ SNS를 즐겨하며 사람들과 소통하는 것을 좋아한다.
☐ 남들에게 지는 것을 싫어한다.
☐ 만드는 과정도 중요하지만 결과물이 더 중요하다.
☐ 내가 만든 제품을 잘 팔고 싶다.

클래스 위주의 공방이 맞는 사람

☐ 완성된 결과물을 보는 것보다 과정 자체를 즐긴다.

☐ 좋은 정보를 혼자만 알고 있는 것보다 누군가에게 알려 주는 것을 좋아한다.

☐ 남들에게 설명하고 이해시키는 것을 잘한다.

☐ 혼자 있는 것보다 사람들과 어울리는 것을 좋아한다.

☐ 말하는 것을 좋아하고 말이 많은 편이다.

☐ 나보다 잘되는 사람들을 보면 배가 아프기보다 축하해 주고 싶다.

☐ 잘못된 것을 보면 넘기지 못하고 바로잡고 싶다.

☐ 친구들의 고민을 들어주거나 상담을 자주 해 주는 편이다.

금속 공예 공방의 현실과 전망

요즘 같은 불경기에 공방을 오픈해도 될까? 좋아하는 일을 하기 위해 그동안 공방 오픈을 열심히 준비했지만, 눈앞의 현실에 두려운 마음이 들어 망설이게 되는 사람이 많을 것이다. 하지만 코로나19로 어려운 경기에도 불구하고 2020년 창업 동향에 따르면 창업률은 전년 동기 대비 13% 증가했으며 특히, 청년층의 창업이 30% 증가했다고 한다.◆ 경기 침체로 취업난이 심각해지면서 온라인이나 소규모 형태의 창업에 관심이 점차 높아지고 있는 것이다. 그중 공방은 비교적 적은 자본으로 창업할 수 있고, 온라인 판매나 클래스 등을 운영하며 다양한 형태로 창업할 수 있어 비교적 창업 장벽이 낮은 편이다. 실제로 예전에는 동네에 하나 있을까 말까 한 공방들이 심심치 않게 눈에 띄는 것을 볼 수 있다.

그러나 창업률만큼 폐업률이 높은 것도 사실이고 늘어 가는 공방 수만큼 사라지는 공방 숫자도 많은 것이 현실이다. 공방 창업에 앞서 금속 공예 시장의 업계 현실에 대한 이해와 전망을 미리 알아 두면 불경기 속에서도 살아남는 공방 운영 전략을 세울 수 있다. 월곡 주얼리 산업 연구소(WJRC)의 보고서에 따르면 코로나19 팬데믹에도 불구하고 2020년 국내 패션 주얼리◆ 시장 규모는 전년 대비 12.1% 증가한 7,155억 원이며 특히

◆ [12월 26일 예고] 위기는 기회? 창업하는 청년들! https://programs.sbs.co.kr/culture/newstory/clip/53995/OC453311880?div=gnb_program

◆ 패션 주얼리는 금 · 백금 소재를 제외한 은, 금속(동, 알루미늄, 철, 티타늄), 가죽, 끈(실, 매듭), 천, 보석(천연 보석, 모조 보석)을 사용해 만든 것으로 몸에 착용이 가능한 반지, 귀걸이, 목걸이, 펜던트, 팔찌, 발찌, 헤어 액세서리를 의미한다.

금속으로 만든 주얼리 시장은 꾸준히 상승하는 추세라고 한다.◆

	2015		2017		2019		2020	
	규모(억 원)	점유율(%)	규모(억 원)	점유율(%)	규모(억 원)	점유율(%)	규모(억 원)	점유율(%)
은	2,968	36.6	2,890	43.1	3,141	50.0	2,732	38.2
금속	4,533	56.0	3,248	48.5	2,726	43.3	4,078	57.0
가죽/끈/천	601	7.4	561	8.4	421	6.7	346	2.2
전체 패션 주얼리 시장	8,102	100	6,699	100	6,288	100	7,155	100
전년 대비 증감률(%)	–		-17.3		-6.1		+12.1	

출처: 월곡 주얼리 산업 연구소 보고서

또한 2021년 3월 일반 주얼리 소비자 조사의 결과에 따르면 코로나 이후 온라인 쇼핑몰에서의 구매가 15.9%로 전년 대비 6.4% 증가했다고 한다.◆ 비대면 중심의 라이프 스타일 변화, 해외여행 중단, 주얼리 오프라인 매장 영업 제한 등으로 인한 온라인 채널의 급격한 성장을 보여 주고 있고 앞으로도 온라인 구매율은 늘어날 것으로 예상된다.

여러 가지 통계와 자료로 확인한 결과만 보더라도 금속 공예 공방의 현

◆ (정보) 한국 패션 주얼리 산업 규모. https://w-jewel.or.kr/research_data/?category=
◆ (조사) 일반 주얼리 소비자 조사(2021.03). https://w-jewel.or.kr/research_data/?category=

실과 미래는 그리 어둡지만은 않다. 안 좋은 경기를 탓하며 사라져 가는 수많은 공방 중 하나가 되는 것을 두려워하기보다는 시대의 흐름과 트렌드를 읽고 그에 맞는 전략을 세운다면 실패하지 않고 오래가는 공방을 만들 수 있다. "위기를 기회로 만든다"라는 말이 있다. 성공한 사람들을 보면 위기 속에서도 자기만의 방식으로 포기하지 않고 꾸준히 나아간다. 경기는 늘 어렵고 위기는 어느 곳에나 존재한다. 두려움보다 내가 좋아하는 일을 하기 위한 긍정 에너지로 희망을 가지고 창업을 준비해 보자.

러시아의 작가 투르게네프는 '햄릿형'과 '돈키호테형'으로 인간을 분류할 수 있다고 했다. 고뇌의 아이콘인 햄릿은 문제의 순간에 직면할 때마다 정당성에 질문을 던지고 어떤 일이든 쉽게 결정을 내리지 못하고 주저한다. 그에 반해 돈키호테는 이상을 실현하기 위해 현실에 얽매이지 않고 용감하게 앞으로 나아가는 실행력을 가지고 있다. 현실을 고민하며 망설이는 햄릿이 될지, 허황된 목표라도 도전하는 돈키호테가 될지는 온전히 나의 선택이지만 한 번뿐인 인생 주저하며 시간을 보내기보다 내가 좋아하는 일을 하기 위해 과감히 도전해 보는 것은 어떨까?

Part 2.

나만의 공방을 시작하다

금속 공예 공방 창업의 7가지 원칙

미국의 방송인 오프라 윈프리는 이렇게 말했다. "당신이 할 수 있는 가장 큰 모험은 당신이 꿈꾸는 삶을 사는 것이다." 모험을 떠나기 위해서는 지도와 나침반이 필요하듯 내가 꿈꾸는 삶을 살기 위해서도 내가 무엇을 위해 어디로 가야 하는지 또 어떻게 가야 하는지에 대한 목표와 계획이 필요하다. 그리고 그 목표를 향해 가는 길이 힘들더라도 지치거나 포기하지 않는 단단한 마음의 준비가 필요하다. 처음 시작했을 때의 열정과 긍정 에너지가 한숨과 후회가 되지 않도록 나만의 원칙을 세우고 하나씩 지켜 나가다 보면 원하는 목표에 조금은 가까워진 나를 발견할 것이다.

내가 세운 목표와 계획을 흔들리지 않고 지켜 나갈 수 있게 해 주는 것이자 가장 기본이 되는 것이 바로 창업 원칙이다. 창업 원칙은 누구에게 보여 주기 위해 거창하게 쓰는 것이 아니다. 내 꿈을 한 장의 종이에 그려 한눈에 알아볼 수 있도록 정리한다고 생각하고 하나씩 써 내려가면 된다. 창업 원칙은 공방 창업을 준비하다가 길을 잃어 어디로 가야 할지 모를 때 길을 알려 주는 지도와도 같다. 모르는 길을 무작정 발길 닿는 대로 가는 것보다 지도를 보고 정확한 길로 간다면 조금 더 쉽고 빠르게 목적지에 도달할 수 있다.

뻔한 이유 말고 구체적인 이유를 세우자

그저 하고 싶은 일을 하며 즐겁게 살기 위해서라는 뻔한 대답 말고 정말 내가 왜 창업을 하고 싶은지에 대해 진지하게 고민해 보고 구체적인 답을 찾아봐야 한다.

내가 창업을 하기로 마음먹게 된 결정적인 계기는 힘든 회사 일로 지친 하루하루를 보내면서였다. 두 번의 퇴사로 이미 몸도 마음도 지쳤던 나는 더 이상 남을 위해서가 아닌 나를 위한 일, 내가 좋아하는 일을 하고 싶었다. 그 일이 바로 공방 창업이었다. 나는 독립적으로 일하는 것을 좋아했고, 손재주가 있었고 그리고 일단 주얼리를 디자인하고 만드는 것이 다른 어떤 일보다 재미있었다. 그래서 주얼리 디자인 회사에 입사해 경력을 쌓은 다음 대학원과 아르바이트로 이론과 실무 경험도 쌓았다. 나의 성장과 발전을 위해 에너지를 쏟고 일했던 것이 결국 공방 창업을 하기 위한 이유였던 것처럼 내가 왜 창업을 하려는지, 이 일을 왜 시작하려고 하는지에 대해 진지하게 고민하고 답을 내려 보자. 막연한 답이 아닌 명확한 답을 얻을 수 있을 때 창업에 대한 확신이 생길 것이다.

어떻게 운영해 나갈 것인지 정하자

왜 공방을 창업하려는지 이유를 찾았다면 다음은 어떻게 공방을 운영해 나갈지 고민해야 한다. 내가 원하는 공방 콘셉트는 무엇인지, 내가 원하는 장소는 어디인지, 예산은 어느 정도로 잡을 것인지 등 어떻게 운영해 나갈 것인가에 대해 구체적으로 정해 두어야 한다.

나의 공방 콘셉트는 '작업실'과 직접 만든 작품을 전시 · 판매할 수 있는 '쇼룸'이 함께 있는 멀티 공간으로 잡았고 작업실 비중은 70%, 쇼룸 비중은 30%로 했다. 쇼룸 비중을 30%밖에 두지 않았던 것은 내가 제작하는 주얼리의 성격이 커머셜 주얼리보다 아트 주얼리 쪽에 가까워 국내보다 해외에서 반응이 더 좋아 유럽 아트 페어나 전시를 통해 이미 판매를 하고 있었기 때문이다. 그리고 국내 여러 갤러리와 박물관 아트숍에 입점되어 있기도 해서 쇼룸 판매보다 외부 판매에 중점을 두었고, 작업실에서 주문 제작을 받아 판매하는 방식으로 운영하기로 했다. 온라인 판매는 혼자 제작, 손님 응대, 포장, 배송까지 하기에는 버거울 것 같아 추후에 생각하기로 했다. 공방 장소는 번잡하지 않으면서 조용히 작업을 할 수 있는 곳으로 내가 좋아하는 동네나 잘 알고 있는 동네로 생각했다. 공방 크기는 혼자 운영하기 때문에 10평 내외로 정했다. 그리고 자금은 그동안 회사 생활을 하며 모아 두었던 5천만 원 안에서 하기로 했다.

무엇을 원하는지 정확히 알자

창업을 통해 내가 얻고자 하는 것은 무엇인가 그리고 내 공간과 제품을 찾는 손님들에게 나는 무엇을 해 줄 수 있는가 생각해야 한다. 그 이유는 내가 창업을 통해 얻고자 하는 바를 알아야 창업의 형태를 명확히 선택할 수 있기 때문이다. 내가 원하는 것이 회사에서 누려 보지 못한 자유로운 시간과 여유 있는 삶인지, 누군가에게 인정받고 내 브랜드를 널리 알려 사랑받는 브랜드로 만들어 가고 싶은 사회적 성공인지, 그저 다달이 받는 월급이 아닌 내가 노력한 만큼 수입을 얻을 수 있는 성취욕인지 고민하는 것이 좋다.

나는 누군가를 위한 일이 아닌, 나를 위한 일이 하고 싶다는 생각으로 공방 창업을 했고 나아가 내 공방이, 내 브랜드가 많은 사람들에게 사랑받기를 바랐다. 그래서 처음에는 공방 유지를 위해 작업과 판매에 비중을 많이 두었지만, 공방 운영이 안정되고 나서는 공방 브랜딩을 위해 힘썼고, 클래스도 운영하게 되면서 내가 가진 것을 여러 사람들과 나눴다. 그리고 1호점과 2호점을 거쳐 지금의 준에이치 스튜디오를 운영하게 되었고, 지금까지 많은 사람들에게 사랑받는 공방이 되었다. 이렇게 내가 원하는 것을 명확히 알아야 내가 원하는 것을 만들어 나갈 수 있다. 그리고 그 답이 명확하다면 내 공간을 찾는 사람들에게 무엇을 해 줄 수 있는지 자연히 알 수 있게 된다.

단순하더라도 명확한 목표를 정하자

명확한 목표는 정말 힘든 순간에도 포기하지 않고 버텨 나갈 이유이자 앞으로 나아갈 힘이 된다. 그리고 처음 세웠던 그 목표를 달성한 후에는 그다음 목표를 세워서 현실에 안주하지 않고 내가 바라는 나의 모습, 나의 꿈에 가까워지기 위해 노력해야 한다.

2011년 드디어 나의 첫 공방을 오픈했다. 처음 공방을 오픈했을 때 내가 정한 목표는 '원하는 목표 수입이 될 때까지 딱 3년만 버티자'였다. 공방이나 작업실을 오픈해서 힘들게 유지하다가 결국 1년을 넘기지 못하고 그만두는 주변 친구들을 수없이 봐 왔고, 공방으로 원하는 만큼의 수입을 얻으며 내가 원하는 생활을 하기가 쉽지 않다는 것도 이미 알고 있었기 때문에 마음을 독하게 먹고 버텨 보기로 했다. 지금 생각해 보면 정말 단순 무식한 목표였지만 너무 단순하고 뚜렷한 목표였기에 힘든 순간이 올 때마다 '어떻게든 3년만 버텨보자'라는 마음으로 참고 견뎠다. 여기서 포기하면 내가 갈 곳은 어디에도 없다고 생각했다. 정말로 하고 싶은 일을 하기 위해 준비했던 시간을 뒤로하고 의미 없는 회사 생활로 다시 돌아가고 싶은 마음은 없었다. 그렇게 공방을 오픈한 지 2년째 되던 해, 나는 처음에 계획했던 목표 수입을 달성했다.

첫 번째 목표를 달성하고, 내가 정말 하고 싶은 꿈에 조금 더 가까워지기 위해 '2호점 오픈'이라는 다음 목표를 세웠다. 나의 꿈은 좋아하는 일을 누군가와 함께 나눈다는 즐거움으로 시작한 이 금속 공예를 조금 더 전문적으로 배우고 접할 수 있는 공간을 만드는 것이었다. 그리고 첫 번째 목표를 달성한 지 3년 만인 2016년, 나는 내가 가진 것들을 나누고 함께 성장할 수 있는 금속 공예 클래스 전문 공간인 준에이치 2호점을 오픈했다. 기존의 공간인 1호점은 준에이치 수강생들 중 창업을 하고 싶지만 경험이나 자금이 부족해 공방 오픈을 고민하는 수강생들에게 셰어해 주어 직접 만든 제품을 판매하며 운영해 볼 수 있는 공간으로 만들기로 했다. 그렇게 1호점은 수강생들의 공동 쇼룸으로, 2호점은 클래스를 위한 전용 공간으로 2년 4개월을 운영했다.

그 후 혼자 1호점과 2호점을 오가며 공간 관리하는 것에 한계를 느끼고 2019년 3월 현재의 공간인 준에이치 스튜디오를 오픈하게 되었다. 현재의 공간은 준에이치 제작 주얼리, 해외 및 국내 디자이너 주얼리, 창업반 학생 주얼리를 전시 및 판매하는 갤러리 콘셉트의 쇼룸과 제품 제작과 금속 공예 클래스를 하는 스튜디오까지 모두 함께 할 수 있는 공간이다. 한 공간이지만 목적에 따라 공간이 두 개로 분리되어 있고 출입문 역시 두 개여서 주얼리 구입을 위해 방문하는 고객들은 쇼룸 출입구를, 클래스를 위해 방문하는 수강생들은 스튜디오 출입구를 통해 들어오도록 해서 한 공간 안에서 방해받지 않고 두 가지를 모두 할 수 있는 공간으로 만들었다.

목표를 이루기 위한 계획을 세우자

목표를 정했다면 그 목표를 이루기 위한 계획을 세워 보자. 계획은 구체적일수록 좋다. 우선 연간 계획을 세우고 월간, 주간 그리고 하루에 해야 할 일들을 세세하게 계획해 두자.

나는 '3년만 버티자'라는 목표를 이루기 위해 1년 단위로 계획을 세웠다. 우선 그해에 해야 할 일들을 크게 클래스, 페어, 플리마켓으로 계획했다면 그 일들을 분기별로 나누고 다시 월별로 나누어 정리했다. 여름 방학인 7월과 겨울 방학인 12월을 기준으로 클래스를 상반기(1월~7월 1학기), 하반기(8월~12월 2학기)로 나누어 개강 과목 및 일정을 계획했고, 3개월 과정으로 진행하는 창업반이나 스톤 세팅과 같은 전문적이고 집중력이 필요한 클래스는 한 학기에 1번, 1년에 딱 2번만 개강했다. 핸드메이드 페어와 플리마켓은 대부분 5월, 12월에 집중되어 있었는데, 미리 참가 신청을 하고 상품을 준비해야 했다. 그래서 페어나 플리마켓 참가 신청을 해야 하는 달에는 상품 수량에 맞는 제작 기간을 미리 계산해 월별로 해야 할 일들을 나누어 정리했다.

이렇게 연간, 월간, 일간 계획을 세우고 나면 그 계획들을 완수하기 위해 오늘 하루는 어떻게 보내야 할지 일주일을 어떻게 보내야 할지 계획할 수 있게 된다. 특히 오늘 해야 할 일을 정리해 두면 오늘은 무엇을 해야 할지 고민하는 시간을 줄일 수 있고, 사소한 일들을 처리하느라 정작 중요한 일을 놓치게 되는 일을 방지할 수 있다. 세워 놓은 계획들을 미션 수행하듯 하나씩 이루어 나가다 보면 어느새 내가 원하는 목표에 조금씩 가까워짐을 느끼게 될 것이다.

꼭 한 번은 찾아올 위기에 대처하자

공방 창업 초장기에 꼭 한 번은 찾아오는 위기, 바로 경영난이다. 쉬는 날도 없이 열심히 일하지만 매일 제자리인 통장 잔고와 돌아오는 월세 날짜를 걱정하는 현실을 마주하며 '그만 접어야 하나 말아야 하나'라는 생각을 수십 번은 하게 된다. 실제로 창업을 포기하게 되는 가장 큰 이유는 금전적인 문제다.

창업을 시작하기 전 최소 6개월에서 1년 정도의 월세와 관리비를 낼 수 있는 여유 자금을 준비해 두는 것이 좋다. 그러나 사정에 따라 여유 자금이 부족해 준비하지 못했거나 대출을 받아 무리하게 오픈했을 수도 있다. 여유 자금을 준비해 두지 못했다면 수입이 없을 경우 어떻게 대처할 것인가에 대한 방안을 미리 만들어 두어야 한다. 판매가 부진해서 재고가 늘어 가고 새로운 제품을 만들 재료비와 의욕을 상실했다면 플리마켓을 통해 재고를 판매하는 방법이 있다. 그리고 클래스 문의가 뜸하다면 가만히 공방에 앉아 수강생을 기다리기보다는 온라인 클래스 플랫폼을 이용해 보자. 요즘에는 워낙 다양한 플랫폼이 많아 어렵지 않게 클래스를 홍보하고 수강생을 모집할 수 있다.

공방을 시작한 지 얼마 되지 않았을 때다. 나의 첫 공방은 연희동에서 시작했는데, 그 당시 연희동은 지금처럼 유동 인구가 많지 않았고 공방이 생소할 때라 사람들은 작은 공방에서 무언가를 계속 만드는 모습을 신기한 눈으로 바라볼 뿐 쉽게 들어오지 못했다. 판매는커녕 손님 구경도 힘들었다. 한 달에 단 한 개도 팔지 못하는 날도 있었다. 그런 날이 계속되자 매달 다가오는 월세 날이 두려워졌고 이대로는 공방을 유지할 수 없겠다는 생각이 들었다. 고민 끝에 입간판을 제작해 '주얼리 수리'라고 써 붙였다. 그러자 지나가던 동네 주민들이 들어와 하나씩 주얼리 수리를 맡기기 시작했다.

사람들은 끊어진 목걸이 체인, 짝을 잃은 귀걸이, 사이즈가 안 맞는 반지 그리고 집에 있는 구멍 난 주전자, 부러진 촛대 등 금속으로 보이는 것들을 하나둘씩 가지고 왔다. 재료가 특별히 추가되지 않거나 간단한 것은 무료로 수리를 해 드렸고, 재료를 추가하거나 시간이 오래 걸리는 것은 재료비와 기본적인 수공비만 받고 수리해 드렸다. 그렇게 몇 달이 지나니 점점 파리만 날리던 공방이 여러 사람이 드나드는 활기 있는 공간이 되었다. 주얼리 수리로 친분과 신뢰를 쌓은 손님들은 장롱 속에 소중히 보관해 둔 오래된 주얼리를 가져와서 수리가 아닌 새로운 디자인으로 리세팅◆을 의뢰했다. 그리고 고장 난 주얼리를 저렴하게 수리한 손님들은 고마워하며 쇼룸의 주얼리를 구입하는 단골손님이 되었다.

◆ 오래된 주얼리의 원석이나 금을 재사용해 새로운 디자인으로 제작하는 것.

정보

온라인 클래스 플랫폼

숨고 www.soomgo.com
탈잉 www.taling.me
프립 www.frip.co.kr
솜씨당 www.sssd.co.kr

포기하지 말자

좋아하는 일을 하려고 시작한 공방에서 하기 싫은 일을 더 많이 하는 날들이 늘어 가고, 하루가 멀다 하고 발생하는 작은 사건 사고들을 혼자서 정신없이 처리하다 보면 '내가 지금 뭐 하고 있는 거지'라는 생각이 들 때가 있다. 열심히 했지만 늘 제자리인 것도 모자라 역주행하고 있다는 생각마저 들고, 알아주는 사람도 없고, 결과도 좋지 않아 포기하고 싶어지는 순간이 올 수도 있다.

공방을 운영한 지 1년째 되는 해였다. 리세팅을 의뢰한 손님들의 주얼리와 금을 보관하고 있던 거래처 공장 사장님이 어느 날 갑자기 잠적하는 사건이 생겼다. 부모님께 물려받은 주얼리, 결혼반지, 아기 돌반지 등 손님들의 의미 있는 주얼리들을 한꺼번에 모두 잃어버렸다고 생각하니 정말 눈앞이 깜깜해졌다. 어떻게 말해야 하고 어떻게 보상해야 할지도 문제였지만, 그동안 쌓아 둔 손님들의 신뢰와 나의 노력이 한순간에 물거품이 되었다고 생각하니 다 포기하고 도망가고 싶었다.

하지만 손님들과의 약속을 저버릴 수는 없었다. 내가 가지고 있는 돈이 될 만한 주얼리들을 모두 팔았지만, 잃어버린 주얼리를 보상하기에는 턱없이 부족한 금액이었고 결국 오랫동안 모아 두었던 적금을 해약해서 돈을 마련했다. 그리고 손님들에게 상황을 설명하고 양해를 구한 뒤, 최대한 비슷한 원석으로 혹은 훨씬 더 좋은 원석을 구해서 제작해 드렸고, 금 중량을 더 많이 넣어 추가 비용 없이 새롭게 디자인해 드리기도 했다. 처음에는 이런 어이없는 사실에 놀라 언짢아하던 손님들도 최선을 다해 실수를 만회하려 하자 조금씩 마음이 풀어졌다.

모든 일이 내가 계획한 대로 되는 것은 아니다. 또 계획대로 열심히 했음에도 불구하고 좋지 않은 결과로 실망하거나 좌절하는 순간이 올 수도 있다. 내가 세웠던 목표에서 점점 멀어지는 것 같고 '이게 맞는 것인가?', '잘하고 있는 것인가?' 하고 불안한 마음이 드는 순간이 오기도 한다. 그러나 원하는 만큼의 결과가 나오지 않는다고 조급해하거나 포기하지 말고 조금씩 천천히 내 속도대로 꾸준히 나아가다 보면 언젠가 내가 원하는 목표에 가까워졌음을 느낄 것이다. '잘하고 있어!'라고 힘든 날들을 보내고 있는 나를 다독이다 보면, '잘했어!'라고 웃으며 말할 수 있는 날이 꼭 올 것이다.

공방 오픈 체크리스트

TIP

공방을 오픈하기 위해서는 하나부터 열까지 해야 할 일들이 너무도 많다. 무슨 일부터 해야 할지 몰라 우왕좌왕하다 보면 시간도 비용도 계획했던 것보다 초과할 수 있다. 정해진 시간과 비용 안에서 효율적으로 움직이기 위해 해야 할 일들의 순서를 정해 하나씩 체크해 보자.

☐ Step 1. 창업 자금 설계

☐ Step 2. 나에게 맞는 공간 찾기(위치, 크기, 비용)

☐ Step 3. 부동산 계약

☐ Step 4. 사업자 등록과 통신 판매업 신고

☐ Step 5. 인테리어 공사 견적 내기

☐ Step 6. 셀프 인테리어로 진행할 부분과 인테리어 업체를 이용할 부분 정하기

☐ Step 7. 작업대, 진열대, 가구 제작 또는 구매

☐ Step 8. 공구와 재료 구매

☐ Step 9. 공방 명함, 보증서, 주문서 제작

☐ Step 10. 포장 용기 준비(폴리 백, 파우치, 주얼리 박스, 쇼핑백, 포장용 리본 테이프, 로고 스티커, 택배용 배송 상자, 박스 테이프, 에어캡 등)

☐ Step 11. 카드 단말기 계약

☐ Step 12. 택배 계약

☐ Step 13. 포털 사이트에 내 공방 정보 등록

나에게 맞는 공간 찾기

위치: 어느 곳에 자리 잡을 것인가?

내가 좋아하는 일을 하며 내가 가장 오래 머물 공간인 만큼 '나에게 맞는 공간' 찾는 일은 매우 중요하다. 우선 제일 먼저 고민해야 하는 것은 내 공방이 자리 잡을 위치다. 다른 업종에 비해 공방은 필요에 의해 찾아오는 목적성이 있는 공간이기 때문에 상권보다는 공방 성격에 맞는 위치를 찾는 것이 더 중요하다. 그러므로 온라인과 오프라인 중 어떤 형태로 창업할 것인지, 판매와 클래스의 비율을 어떻게 할 것인지에 따라 공간을 찾아야 한다.

판매 유형과 타깃층에 맞는 위치 선정

온라인 판매만 한다면 굳이 상권이 좋아서 권리금이 형성되어 있거나 임대료가 높은 곳이 필요하지 않다. 1층보다 상대적으로 임대료가 낮은 2층이나 3층도 고려해 볼 만하다.

오프라인 판매와 클래스를 운영한다면 내가 만드는 주얼리의 타깃층과 클래스 성격에 따라 위치를 선택하는 것이 좋다. 판매할 주얼리의 타깃층이 20대이고, 클래스의 성격이 원데이 클래스나 커플 클래스라면 대학교 주변 또는 20대가 자주 가는 지역이 좋다. 30대 직장인에게 어울리는 심플한 디자인의 주얼리를 판매할 예정이고, 직장인 취미 클래스를 계획하고 있다면 근처에 회사가 많은 지역이나 퇴근 후 공방에 오기 쉽도록 교통이 편리한 곳이 좋다. 그리고 40대~50대를 위한 볼륨감 있는 주얼리나 원석 주얼리를 판매할 예정이라면 해당 연령대가 많이 사는 아파트 단지나 주택가를 고려해 보는 것이 좋다.

시장 조사는 필수

내가 만들 주얼리의 콘셉트와 타깃층에 맞는 지역이 결정되었다면 직접 동네를 찾아가서 둘러보고 분위기를 파악해야 한다. 교통편은 어떤지, 경쟁이나 유사 가게가 있는지, 그곳에 방문하는 사람들의 성별, 연령층, 관심을 보이는 제품이나 구매력이 어느 정도인지 체크해 보자. 이때 한두 번으로 끝내지 말고 평일과 주말, 오전과 오후로 시간대를 다르게 해서 여러 차례 방문하는 것이 좋다. 그리고 그 지역의 유동 인구를 파악하고 자주 가는 커피숍이나 단골 가게를 만들어 이미 자리를 잡은 사람들에게 궁금한 것을 물어보면서 현실적인 정보를 얻는 것도 좋다.

객관적인 정보를 얻고 싶다면 소상공인시장진흥공단 홈페이지(www.semas.or.kr)를 방문해 보자. 소상공인시장진흥공단 홈페이지에서는 상권 분석, 시장 분석, 상권 현황 등 자세한 내용을 확인할 수 있다. 특히 '상권 정보 시스템'에서는 해당 업종과 원하는 지역을 선택하면 목적에 맞는 상권을 분석할 수 있는데 매출 지수, 지역 현황, 임대료 현황, 창 · 폐업률 현황 등 도움이 될 만한 정보가 많으니 꼭 체크해 보기 바란다.

내가 위치를 선택할 때 제일 먼저 고려했던 것은 '내가 많이 가 봐서 잘 알고 있는 동네'이거나 '내가 좋아하는 동네'인가였다. 잘 알고 있는 동네라면 상권 조사를 따로 하지 않아도 유동 인구와 동네 분위기 등을 이미 어느 정도 알고 있어서 실패할 확률이 낮다. 좋아하는 동네라면 매일 아침 출근길이 행복할 것이다. 공방은 어쩌면 집보다 더 많은 시간을 보내야 하는 공간일지도 모른다. 작업하다가 잠시 커피 한잔을 마시거나 산책을 할 수 있는 마음에 드는 장소가 가깝게 있는 동네면 더 좋다.

다음으로 고려했던 것은 '거리'였다. 출퇴근이 편하도록 집에서 가까운 곳, 재료상이나 거래처 동선이 좋은 곳처럼 나에게 편리한 위치를 선택하는 것이 가장 좋다. 내가 이상적으로 생각했던 거리의 기준은 차로 30분 이내였다. 출퇴근 시간이 너무 오래 걸리고 재료상이나 거래처가 너무 멀면 공방 업무에 쉽게 지칠 수도 있고, 공방을 옮겨야 하는 불상사가 생길 수도 있기 때문에 미리 출퇴근 시간과 업무 동선을 꼼꼼히 체크하는 것이 좋다.

크기: 평수는 어느 정도가 좋은가?

공방 크기는 창업 형태에 따라 달라진다. 판매만 할 것인지 판매와 클래스를 함께 할 것인지를 먼저 결정한 후 작업대 크기, 작업에 필요한 장비들을 놓을 공간, 판매를 위한 진열대의 크기와 개수 그리고 클래스의 형태를 고려해서 공방 평수를 결정해야 한다.

4평~8평

온라인이나 오프라인 판매만 할 경우 적당한 크기다. 혼자서 작업하기 때문에 개인 작업대, 작업에 필요한 공구, 판매할 제품을 전시할 진열대가 필요하다. 조용히 작업에 집중할 수 있는 개인 공간이 필요하다면 작업 공간과 판매 공간을 분리해도 되겠지만, 공간이 좁기 때문에 작업 공간을 오픈해서 손으로 작업하는 공방이라는 느낌을 살려주는 것도 좋다.

8평~12평

온 · 오프라인 판매나 일대일 · 커플 클래스와 같은 소규모 클래스에 적당한 크기다. 개인 작업대에 추가로 수강생을 위한 작업대를 놓아도 되겠지만, 개인 작업대를 수강생이 함께 사용할 수 있도록 큰 사이즈로 구매하는 방법도 있다. 그리고 구매를 하러 방문한 손님과 클래스를 들으러 온 수강생이 서로 방해받지 않도록 판매 공간과 클래스 공간을 분리해 주는 것이 좋다. 공간이 넓지 않기 때문에 가벽보다는 책장이나 가구를 이용해 공간을 분리하는 것이 좋은데, 평소에는 하나의 공간으로 사용하다가 클래스를 할 때만 파티션이나 커튼을 쳐서 공간을 활용하는 방법도 있다.

12평~15평

온 · 오프라인 판매나 4인 이상 단체 클래스에 적당한 크기로 취미 과정, 정규 과정, 창업 과정 등 클래스 비중이 판매 비중보다 높을 경우에 적합하다. 개인 작업대와 수강생들을 위한 작업대를 분리하는 것이 좋고, 작업의 종류에 따라 작업대도 용도에 맞춰 준비해야 한다. 그리고 수강생 인원에 맞는 공구, 작업복, 가방 등 개인용품이나 개인 공구를 보관할 수 있는 공간도 필요하다. 또 판매보단 클래스의 비중이 높기 때문에 클래스를 하는 사람이나 배우는 사람 모두 클래스에 집중할 수 있도록 클래스 공간과 판매 공간을 확실하게 분리해 주는 것이 좋으며 가능하다면 판매와 클래스 시간을 다르게 분리하거나 판매 직원을 고용하는 것이 좋다.

15평~20평 이상

온 · 오프라인 판매, 단체 클래스 그리고 공용 작업실과 같은 작업 공간 대여 등을 하기에 적당한 크기다. 이 정도 크기라면 임대료가 비싼 1층보다 지층이나 2층을 찾아보는 것이 좋다. 단체 클래스를 할 경우 개인 클래스와 달리 한 번에 여러 사람이 이용할 수 있는 큰 작업대와 수업 설명을 하는 데 필요한 스크린이나 보드 등을 놓을 수 있는 공간이 필요하기 때문에 공간은 넓을수록 좋다. 그리고 작업 공간을 대여해 줄 계획이라면 인원에 맞는 개인 책상, 개인 공구, 개인 로커를 준비해야 하고 냉장고와 커피 머신 등 휴게 공간도 따로 있으면 좋다.

나는 처음 공방을 시작했을 때는 작업과 판매를 동시에 할 수 있는 공간을 구상했다. 당시에는 클래스를 염두에 두지 않아서 큰 평수가 필요하진 않았지만, 작업하는 공간과 판매하는 공간을 어느 정도는 분리하고 싶었다. 그래서 작업대 크기, 작업에 필요한 공구, 작업 동선을 머릿속에 그려 본 다음 판매 진열대 개수와 크기, 손님들이 주얼리를 착용하고 둘러볼 수 있는 동선을 계산해 본 결과 5평~10평 사이가 적당하다고 생각했고 내가 원하는 크기인 8평 정도 되는 공간을 계약했다. 그리고 후에는 클래스도 운영하게 되면서 8평 공간에서는 작업, 판매, 클래스를 모두 소화할 수 없어 15평 정도 되는 임대료가 비교적 저렴한 2층으로 계약해 기존의 공간에서는 판매를, 새로운 공간에서는 작업과 클래스를 할 수 있도록 공간을 분리했다.

가격: 비용은 어느 정도가 적당한가?

보증금과 권리금

보증금은 월세 연체나 시설 파손 등 만약을 대비해 임대인이 담보로 가지고 있는 금액으로 계약 종료 후 다시 받을 수 있는 금액이다. 따라서 보증금이 내 예산 안에서 가능한지만 확인하면 특별히 신경 써야 할 것은 없다. 하지만 권리금은 임대인과는 상관없이 그전에 영업하던 사람이 자리나 시설에 대한 금액을 요구하는 것으로 법적으로 보호받을 수 있는 금액이 아니기 때문에 권리금이 있는 곳은 꼼꼼하게 따져 보고 알아본 다음 계약해야 한다.

권리금은 크게 시설 권리금, 바닥 권리금, 영업 권리금으로 나눌 수 있다. 시설 권리금은 냉난방기나 인테리어 등 시설에 대한 비용이 포함된 금액, 바닥 권리금은 상권이 활성화되어 있거나 지리적 이점에 따라 내야 하는 금액, 영업 권리금은 그전에 영업하던 매장의 매출에 따라 발생하는 금액이다.

월세와 관리비

월세와 관리비는 매달 내야 하는 돈이기 때문에 매출 대비 어느 정도의 비율이 적정한지 고민해야 한다. 매출 대비 월세 계산법은 업종에 따라 조금씩 다르긴 하지만 보통 매출의 20%를 월세로 잡는다. 처음 오픈하고 매출이 없을 가능성도 있으므로 매출이 없다고 가정할 때 6개월 동안 월세, 관리비, 부대 비용 등을 충당할 수 있는 금액이 내가 가지고 있는 여유 자금 안에 들어가는가를 고려하는 것이 좋다.

예를 들어 월세가 100만 원, 관리비가 5만 원, 부대 비용이 10만 원이라고 할 때 월세(부가세 10%), 관리비, 부대 비용을 6개월 동안 낼 수 있는 750만 원이라는 금액이 통장에 있어야 한다. 처음 공방을 오픈하고 바로 판매와 클래스가 물밀듯이 들어오는 경우는 많지 않다. 자리 잡기까지 각종 비용을 충당할 수 있어야 조급하고 불안한 마음 없이 내 일에 집중할 수 있다.

나는 회사를 다니면서 모아 둔 5천만 원으로 창업을 준비했다. 생각한 예산은 부동산 비용 3천만 원, 인테리어 비용 500만 원, 가구 구매 비용 500만 원, 제품 제작 및 재료비 500만 원, 추후 운영 예비 자금 500만 원이었다. 운이 좋게도 위치, 크기, 가격 모두 내 기준에 충족하는 꿈에 그리던 공간을 만나게 되었다. 평소 좋아하던 동네인 연희동에 친구를 만나러 가는 길에 한 매장 앞 유리에 붙여 놓은 '임대'라는 두 글자가 눈에 들어왔다. 늘 지나갈 때마다 딱 저런 곳에 공방을 하면 좋을 것 같다고 생각하면서 마음에 담아 두던 공간이었다.

떨리는 마음으로 임대라는 글자 밑에 적힌 번호로 전화를 걸었다. 크기는 8평, 보증금은 1천만 원, 월세는 80만 원으로 예상 범위 안에 들어왔다. 그러나 생각지도 못한 2천 500만 원이라는 권리금이 있었다. 그때부터 권리금에 대해 고민하기 시작했다. 우선 권리금이 타당한 금액인지 확인하기 위해 상권을 분석해 보기로 했다.

연희동은 10년 전만 해도 몇몇 쇼핑센터와 오래된 식당을 제외하곤 특별한 상권이 없는 조용한 동네였지만 상권이 없음에도 바닥 권리금이 형성되어 있었고, 조금 깨끗하다 싶은 공간에는 시설 권리금이 있었다. 그나마 신축 건물에는 바닥 권리금이 없었지만 그 당시 연희동에는 신축 건물이 많지 않아 권리금 없는 곳을 찾기 쉽지 않았다. 그래도 다행히 내가 계약하려는 공간은 꽃집을 하던 곳이어서 수도, 전기, 냉난방기가 설치되어 있었고 원목 바닥에 깔끔한 화이트 벽으로 되어 있어서 따로 인테리어를 할 필요가 없었기 때문에 시설 권리금은 낼 만하다고 생각했다.

그리고 근처에 줄 서서 기다리는 유명한 김밥집과 카페가 있었고, 바로 앞에 마을버스 정류장이 있어 상권이 좋은 편에 속했다. 또 건물 자체에 바닥 권리금이 형성되어 있는 곳이라 다른 곳으로 이전하더라도 권리금은 다음 임차인에게 충분히 받을 수 있겠다는 판단이 들었다. 권리금으로 예산 500만 원을 초과했지만 냉난방기 설치 비용 절약, 인테리어 비용 절약을 생각하면 나쁘지 않은 조건이라고 생각했고, 그 외 이런 여러 가지 사항들을 고민한 후 권리금은 받아들이는 것으로 결정했다.

월세는 적정 금액이라고 생각했는데 알고 보니 부가세 10%와 관리비가 별도였다. 보통 월세는 부가세가 포함된 가격이지만 간혹 부가세가 별도인 경우도 있으니 계약 전 꼭 확인해야 한다. 관리비에는 건물 공용 공간 청소, 주차 관리, 수도세, 전기세 등의 비용이 포함되고, 상가마다 관리비에 포함된 내용이 조금씩 달라서 꼼꼼하게 확인해 보는 것이 좋다. 나중에 알게 된 사실이지만 같은 건물에 있더라도 사람들이 많이 드나들고 물 사용량이 많은 업종(카페, 식당)과 그렇지 않은 업종은 관리비 차이가 있는 곳도 있으니 계약 전 조정이 가능한지 꼭 알아보자. 관리비가 처음엔 작은 돈이라고 생각할 수 있지만 월세와 함께 더해지면 부담스러운 금액이 될 수도 있기 때문에 미리 확인해 보고 예산 안에 꼭 포함시켜 두자.

창업 자금 설계

TIP

창업 예산에서 가장 큰 부분을 차지하고 있는 부동산과 인테리어, 가구, 재료비로 크게 나누어 예산을 짜보자. 놓치기 쉬운 부동산 중개 수수료, 소품비, 제작 비용도 모이면 큰 비용이 되니 예산에 꼭 포함시키고 월세, 관리비, 전기세, 통신료 등의 비용도 미리 예산 안에 넣어 두는 것이 좋다.

		창업 예산	실제 창업 비용	차액
부동산	보증금	3,000만 원	1,000만 원	+643만 원
	권리금		2,500만 원	
	월세		80만 원	
	부동산 중개 수수료		63만 원	
인테리어	목공, 도장	500만 원	120만 원	-230만 원
	간판		100만 원	
	조명		50만 원	
가구 및 기타 소품	가구, 주얼리 진열대	200만 원	80만 원	+80만 원
	작업대, 공구	300만 원	400만 원	
	박스 및 포장 패키지		100만 원	
재료비 및 제작 비용	은, 원석, 체인. 부속 재료비	350만 원	300만 원	-50만 원
	주물, 도금, 제작 비용	150만 원	150만 원	
기타		-	50만 원	+50만 원
추후 운영 예비 자금		500만 원	70만 원	-430만 원
TOTAL		5,000만 원	5,063만 원	+63만 원

난생처음 해 보는 부동산 계약

태어나서 처음 해 보는 내 공간을 위한 부동산 계약의 순간이 다가왔다. 떨리기도 하고 혹시 잘못되기라도 해서 힘들게 모아 온 나의 소중한 돈이 한순간에 날아가 버리는 건 아닐까 하는 걱정도 앞설 것이다. 창업 비용 중 가장 큰 부분을 차지하는 지출인 만큼 꼼꼼하게 확인하고 신중하게 계약해야 한다.

내가 계약할 건물이 근린생활시설인지 확인하기

근린생활시설이란 주택가와 인접해 주민들의 생활에 편의를 줄 수 있는 필수 시설로 업종과 규모에 따라 1종과 2종으로 나뉜다. 1종은 슈퍼, 목욕탕, 이용원, 의원, 체육도장 등 필수적인 편의 시설, 2종은 대중음식점, 다방, 기원, 헬스클럽 등 부가적인 편의 시설이다. 금속 공예 공방은 2종 근린시설에 분류되며, 건물의 용도가 근린시설이 아닌 주택으로 되어 있다면 내 업종이 건물에서 영업을 할 수 있는지 혹은 용도 변경이 가능한지 확인해 봐야 하고, 건물이 1종 근린시설이라면 1종에서 2종으로 용도 변경이 가능한지 꼭 알아봐야 한다. 계약 후에는 지급한 계약금, 권리금, 인테리어 비용을 되돌려 받지 못하는 상황에 처할 수 있으니 꼭 꼼꼼하게 확인해야 한다.

금속 공예 작업을 하는 데 어려움이 없는 건물인지 확인하기

금속 공예 공방에서는 산소와 LPG 가스, 망치와 같은 도구를 사용해 작업하기 때문에 상가에 따라 소방법에 어긋날 수도 있고, 건물 안에 주거 형태가 함께 있거나 소음에 민감한 업종이 있다면 계약이 힘들 수도 있다. 따라서 계약 전 임대인에게 해당 사항을 미리 공지하고, 확인이 필요한 업종이 있다면 미리 양해를 구한 후 가능하다고 판단되면 계약하는 것이 좋다. 미리 확인하지 않고 계약했다가 작업 자체가 힘들어지거나 주변 가게와의 분쟁으로 영업이 힘들어질 수도 있다.

실제로 준에이치 2호점을 계약할 때 있었던 일이다. 작업과 클래스 공간을 분리하기 위해 2호점을 오픈하기로 하고 적당한 곳을 찾던 중 마음에 들었던 두 공간이 있었다. 두 곳 모두 2층이었고 월세도 같았다. 첫 번째 공간은 신축 건물이라 깔끔했고 시설에 대한 권리금도 없었기 때문에 바로 이사가 가능했다. 두 번째 공간은 인테리어 사무실로 사용하던 공간이라 시설 권리금이 있었다.

첫 번째 공간이 비용 면이나 시설 면에서 더 마음에 들었지만, 바로 아래층 프렌치 레스토랑 사장님의 반대로 계약이 무산되었다. 두 번째 공간도 아래층에 카페가 있었는데 성격 좋은 카페 사장님이 흔쾌히 허락해 주신 덕분에 두 번째 공간으로 계약할 수 있었다. 그러나 양해를 구하고 계약했음에도 작업할 때마다 나는 소음으로 인해 서로 얼굴을 붉히고 결국 망치 작업과 기계를 쓰는 작업은 카페 주방 공간과 연결되는 지점에서 사용하기로 조율하고 클래스 시간과 커리큘럼도 조정해야 했다.

부동산 계약서 꼼꼼하게 확인하기

이렇게 여러 가지 조건과 환경을 꼼꼼하게 체크하고 공방을 운영하기에 문제가 없는 곳을 골랐다면 이제 부동산 계약만 남았다. 부동산 계약서에 도장을 찍는 순간 다시 돌이킬 수 없는 강을 건넌 것이니 마지막까지 확인 또 확인해야 한다.

① 부동산 등기부 등본과 건축물대장을 확인하자

계약 전 부동산 등기부 등본과 건축물대장을 확인해 건물에 대출 금액은 어느 정도인지 근저당 설정은 되어 있지 않은지 봐야 한다. 대부분 부동산에서 알아서 확인해 주지만, 온라인이나 개인 간의 직거래 계약이라면 꼭 확인해 봐야 한다. 부동산 등기부 등본과 건축물대장은 건물 주소만 정확히 알면 임대인의 사전 동의 없이도 열람할 수 있으니 계약 전 반드시 체크해 보자.

정보

등기부 등본 열람

대법원 인터넷 등기소 www.iros.go.kr

건물축대장

정부24 www.gov.kr

② 특약 사항, 권리 계약서를 확인하자

계약서 작성 시 특약 사항은 반드시 계약서에 기재해야 한다. 시설물의 원상 복구 정도, 인테리어 허용 범위, 월세에 부가세와 관리비 포함 여부 등 작은 부분이라도 건물의 특이 사항을 명확하고 세세하게 기재해 두어야 추후 발생할 수 있는 분쟁을 최소화할 수 있다. 계약서를 다 작성했다면 다시 한번 읽어 보면서 빠진 내용은 없는지 잘못 기재된 내용은 없는지 꼼꼼하게 잘 확인해 보자.

만약 권리금이 있는 곳을 선택했다면 권리 계약서도 함께 작성해야 한다. 권리 계약서는 현 임차인과 계약해야 하며 임대인이 권리금을 인정하는지 하지 않는지 등을 확인해야 한다. 그리고 공사 기간을 보장받을 수 있는지와 보장받을 수 있다면 어느 정도 기간이 가능한지 확인하자. 보통 2주 정도는 보장해 주지만, 임대인에 따라 다르기 때문에 의견을 잘 조율해서 공사 기간으로 시간을 허비하지 않도록 꼭 보장받자.

③ 부동산 중개 수수료를 확인하자

부동산 중개 수수료는 중개사에게 지급하는 비용으로 복비라고도 한다. 보통 상가 임대차는 법정 수수료가 0.9%인데, 요즘은 법정 수수료대로 진행하니 크게 걱정할 부분은 아니다. 다만 계약 금액이 클수록 부동산 중개 수수료도 커지니 부동산 수수료 계산기를 통해 미리 확인하고 준비해 두자. 부동산 수수료 계산기는 인터넷에 '부동산 중개보수 계산기'라고 검색하면 간편하게 계산할 수 있다. 계산기를 통해 미리 금액을 확인했다면 계약서를 쓰기 전 부동산 중개인과 수수료 조정이 가능한지 다시 한번 협상하는 것이 좋으며 수수료는 잔금 처리까지 모두 끝난 후 내는 것이 좋다. 그리고 부동산 수수료도 비용 처리가 가능하니 현금 영수증을 꼭 챙겨두자.

④ 만약의 사태에 대비하자

계약서 작성까지 모두 끝냈다면 이제 마지막으로 확정일자를 받아 만약의 사태에 대비해야 한다. 다만 일반 주택과는 다르게 상가임대차보호법 확정일자는 인터넷으로 신청이 불가능하고, 사업장 주소지 관할 세무서에 방문해서 신청해야 한다. 임대차 계약서 원본 1부, 사업자 등록 신청서 1부, 신분증을 준비한 후 확정일자를 발급받아 나의 공방과 보증금을 지키자.

공방의 첫 시작을 알리는 사업자 등록증

어려운 부동산 계약까지 모두 마쳤지만 바로 공방 영업을 시작할 수 있는 것은 아니다. 공방을 오픈하고 판매나 클래스 운영을 하려면 사업을 하기 위한 허가증인 사업자 등록증이 있어야 한다. 사업자 등록증 발급은 관할 세무서에 직접 방문해서 신청할 수도 있고, 온라인으로 간편하게 신청할 수도 있기 때문에 그리 어렵지 않다. 그러나 사업자 유형에 따른 부가세 혜택, 세금 계산서 발행 여부, 신고 시기와 횟수 등 여러 가지 차이가 있어 어렵게 느껴질 수 있으니 신중히 고민한 후 나에게 맞는 사업자 유형을 잘 선택해 사업자 등록을 해야 한다.

사업자 등록증은 언제 어디서 받아야 할까?

사업자 등록증은 신규로 사업을 시작하려는 사람이라면 누구나 발급받을 수 있으며, 사업 시작 20일 이내에 신청 및 발급받아야 한다. 그리고 사업을 시작하기 전에 상품, 시설, 자재 등을 매입해야 하는 경우 예외적으로 사업 개시 전 사업자 등록증을 발급받아 세금 계산서를 수취할 수도 있다. 단, 이 경우에는 사업을 시작한다는 것이 객관적으로 입증되어야 한다고 하니 잘 알아보고 나에게 맞는 시기에 사업자 등록증을 발급받자.

직접 방문해서 신청하려면 서류를 미리 준비해서 사업장 주소에 해당하는 관할 세무서의 민원봉사실로 가면 된다. 그리고 온라인으로 신청하려면 국세청 홈택스(www.hometax.go.kr) 접속 → 공인인증서 로그인 → 사업자 등록 메뉴 클릭 → 신청서 작성 → 제출 서류 첨부 → 제출로 간단하게 발급이 가능하다. 사업자 등록증 발급 처리 기간은 2일~3일이 소요된다고 공지되어 있지만, 서류 확인만으로 발급이 가능한 업종이거나 추가 확인이 필요하지 않은 경우에는 보통 하루 안에 발급되기도 한다. 발급된 사업자 등록증은 온라인에서 바로 인쇄하거나 세무서에서 직접 수령도 가능하다.

정보

사업자 등록증 발급 시 필요한 서류

공통

① 사업자 등록증 신청서 1부
② 임대차 계약서 사본 1부(확정일자까지 받을 경우에는 원본이 필요)
③ 신분증

추가

④ 사업 허가 신청서 사본 또는 사업 계획서 1부(사업 개시 전에 등록하는 경우)
⑤ 동업 계약서(공동 사업일 경우)

사업자의 종류는 무엇이며 어떻게 선택해야 할까?

사업자는 크게 개인 사업자와 법인 사업자로 나뉘고 개인 사업자는 또

간이 과세자와 일반 과세자로 나누어진다. 간이 과세자와 일반 과세자는 연 매출에 따라 구분되며 부가 가치 세액의 차이가 있다. 일반 과세자는 연 매출이 8천만 원 이상을 예상하는 경우나 이미 일반 사업의 사업장을 보유하고 있는 경우 또는 국세청에서 정해진 업종이나 지역일 때 해당한다. 간이 과세자는 연 매출 8천만 원 미만에 해당한다(2021년 기준).

간이 과세자는 사업 규모가 작고 영세한 사업자의 편의와 세금을 덜어주기 위해 마련된 제도로 일반 과세자와 부가 가치 세액의 차이가 있다. 일반 과세자는 매출의 10%에 해당하는 금액이 부가 가치세가 되지만, 간이 과세자는 업종별로 부가 가치율 15%~40%를 곱하기 때문에 부가 가치세가 0.5%~3%로 일반 과세자보다 낮은 부가세를 부담한다고 보면 된다. 또 4천 800만 원 미만의 간이 과세자는 부가 가치세 납부 의무가 면제된다.

따라서 처음에는 간이 과세자로 시작하는 것을 추천한다. 처음 시작하는 공방은 매출이 그렇게 많지 않고, 일반 사업자는 세금 신고를 혼자 하기 어렵지만 간이 과세자는 혼자 세금 신고하는 데 큰 어려움이 없기 때문이다. 그리고 처음부터 매출이 어느 정도인지 예측하기 쉽지 않고, 매출이 일정 금액 이상이면 일반 과세자로 자동으로 넘어가니 미리 매출액을 예상해 사업자를 선택할 필요가 없다.

사업자 종류	간이 과세자	일반 과세자
자격 구분	연 매출 8,000만 원 미만	연 매출 8,000만 원 이상
부가세 신고	1년 1회(매년 1월 신고)	1년 2회(매년 1월, 7월 신고)
세금 계산서	4,800만 원 미만은 발급 불가 4,800만 원~8,000만 원 미만은 발급 의무 있음	발급 의무 있음
부가 가치세	매출액×업종별 부가 가치율× 10%	매출액×10%

업태와 종목은 어떻게 선택할까?

업태와 종목의 선택은 사업자 등록에서 가장 어렵다고 느껴지는 부분 중 하나다. 온 · 오프라인 판매, 클래스 등 다양한 일을 함께 하는 공방의 경우 업종 추가가 가능하므로 주업종에서 부업종을 추가해서 업태와 종목을 등록하면 된다.

예를 들면 공방에서 온라인 판매를 주로 할 경우 주업종의 업태는 도매업 및 소매업, 종목은 전자상거래, SNS 마켓으로 선택할 수 있다. 그리고 클래스를 부업종으로 추가하고 싶다면 업태는 교육 서비스업, 종목은 원데이 클래스, 공예 강사를 선택하면 된다. 업태와 종목을 잘 모르겠거나 선택에 어려움이 있다면 관할 세무서에 방문해서 상담 후 사업자 등록증을 발급받는 것을 추천한다.

업종 구분	주업종	부업종
업태명	도매업 및 소매업	교육 서비스업
종목명	일반 전자상거래, SNS 마켓과세자	원데이 클래스, 공예 강사

통신 판매업 신고

공방에서 온라인 판매를 할 계획이라면 통신 판매업 신고도 해야 한다. 통신 판매업은 온라인으로 물건을 판매하는 경우 필수로 신고해야 하며, 사업자 번호가 있어야 하므로 사업자 등록을 마친 후에 신고가 가능하다. 사업자 등록증 발급 절차와 동일하게 온라인과 직접 방문으로 신고가 가능한데, 온라인으로 할 경우 정부24(www.gov.kr)에 접속해서 신고하면 되고, 직접 방문할 경우 관할 구청으로 가서 신고하면 된다.

추가로 필요한 것은 구매 안전 서비스 이용 확인증(에스크로◆ 이체 확인증)이다. 구매 안전 서비스 이용 확인증은 국민은행, 기업은행, 농협은행에서만 발급 가능하며 사업자 통장, 사업자 등록증, 임대차 계약서 등의 서류가 필요하다. 만약 옥션, 네이버 스토어팜 등의 오픈 마켓에서 온라인 판매를 할 예정이라면 해당 사이트를 통해 발급받는 것이 훨씬 간편하다. 이렇게 구매 안전 서비스 이용 확인증을 발급받았다면 통신 판매업 신고를 할 수 있다.

◆ 에스크로는 구매자와 판매자 간 신용 관계가 불확실할 때 제3자가 상거래가 원활히 이루어질 수 있도록 중개하는 매매 보호 서비스를 말하며, 5만 원 이상의 결제 금액은 의무적으로 에스크로 시스템을 이용하도록 규정되어 있다.

정보

통신 판매업 신고 시 필요한 서류

① 사업자 등록증 1부

② 사이트 도메인 주소

③ 구매 안전 이용 서비스 이용 확인증(에스크로 이체 확인증)

④ 통신 판매업 신고서 1부

⑤ 신분증

인테리어는 내 손으로 조금씩

머리 아픈 부동산 계약과 공방의 시작을 알리는 사업자 등록까지 모두 끝냈고 이제 본격적으로 내 공방을 꾸며볼 차례다. 인테리어는 내가 어떤 공간을 계약했는가에 따라 범위와 비용이 달라질 수 있다. 만약 내가 고른 공간이 내가 원하는 콘셉트와 맞지 않거나 상태가 좋지 않으면 철거부터 시작해 목공, 페인트, 전기, 수도, 바닥까지 대공사를 해야 할 수도 있고, 내가 생각했던 콘셉트에 맞고 상태가 깔끔할 경우 셀프 인테리어로 간단히 할 수도 있다.

나의 첫 번째 공방인 준에이치 1호점은 내가 원했던 콘셉트와 조금 다르긴 했지만 꽃집과 플라워 클래스로 사용되었던 공간이어서 인테리어가 깔끔하게 되어 있었고, 예산 안에서 인테리어를 해야 했기 때문에 거의 손보지 않고 셀프 인테리어로 간단히 진행했다. 그리고 2호점은 클래스와 작업만을 위한 공간으로 최소한의 인테리어 공사만 진행했다. 그에 비해 현재의 준에이치 스튜디오는 작업, 판매, 클래스 그리고 쇼룸을 위한 공간이었기 때문에 인테리어에 신경을 많이 썼는데, 그때의 기억을 살려 인테리어 공사 과정을 이야기해 보려고 한다.

나에게 맞는 인테리어 공사 방법은?

우선 인테리어 전문 업체를 이용할 부분과 셀프 인테리어로 진행할 부분을 정해 내 공간에 맞게 계획과 예산을 세우고 진행해야 한다. 여기서 중요한 것은 비용을 줄이기 위해 모든 것을 셀프 인테리어로 진행하면 나중에 더 큰 비용이 들어갈 수도 있기 때문에 전기, 수도, 철거 등 전문적인 기술이 필요한 작업은 반드시 인테리어 전문 업체나 전문가를 불러야 한다.

인테리어 전문 업체를 이용하면 공간 설계부터 시공까지 모든 과정을 다 알아서 해 주기 때문에 신경 쓰지 않고 편하게 할 수 있다는 장점이 있지만 그만큼 비용이 들어간다는 단점이 있다. 따라서 전문 업체 이용은 내가 계약한 공간이 나의 공방 콘셉트와 완전히 달라서 공간 설계는 물론 철거, 수도, 전기, 목공 등 전체적으로 손을 봐야 하거나 비용이 조금 더 들더라도 완성도가 높은 인테리어를 원할 때 적합하다.

셀프 인테리어는 전문 업체를 이용하는 것에 비해 비용은 저렴하지만 내가 직접 공간 설계와 시공을 하거나 필요한 각 분야의 전문가에게 의뢰해서 견적을 받고 현장을 관리 감독해야 해서 신경 써야 할 부분들이 많다. 따라서 셀프 인테리어는 내가 고른 공간이 내가 생각한 콘셉트와 맞고 공간의 상태가 좋아 간단한 인테리어 공사만 해도 될 경우 적당하다. 그리고 시간이 조금 걸리고 힘들더라도 시행착오를 통해 하나씩 배우며 만들어 가는 것을 좋아하거나 인테리어 비용을 절약하는 것이 중요할 경우 맞는 방법이다.

인테리어 공사 순서와 계획

전문 업체에 의뢰할 경우 알아서 순서에 맞게 공사를 해 주겠지만 내가 원하는 콘셉트와 방향을 업체와 이야기하고 의견을 조율해 좋은 결과물을 내기 위해서는 어느 정도 인테리어 공사 계획과 흐름을 알고 있어야 한다. 셀프 인테리어를 할 때도 마찬가지로 인테리어 시공에 들어가기에 앞서 인테리어 계획을 세워 두어야 시행착오를 줄일 수 있다. 인테리어 공사는 계획을 짜서 움직이지 않으면 비용과 시간이 추가되기 때문에 나에게 맞는 방법으로 인테리어 계획을 세워 보자.

① 인테리어 콘셉트 잡기

제한된 예산 안에서 내가 원하는 분위기를 최대한 끌어내기 위해서는 인테리어 공사 전 인테리어 콘셉트를 잡고 시작하는 것이 좋다. 준에이치 1호점과 2호점은 최소한의 비용으로 인테리어 공사를 하는 게 목표였기 때문에 콘셉트보다는 기존의 인테리어를 해치지 않는 선에서 조화에 포인트를 두고 공사를 진행했다.

반면 현재의 공간인 준에이치 스튜디오는 온전히 내가 원하는 분위기로 인테리어를 하고 싶었기 때문에 공사에 앞서 인테리어 업체와 여러 번 상담한 후 먼저 콘셉트부터 잡았다. 우선 한 공간 안에서 판매를 위한 전시 공간과 클래스를 위한 작업 공간의 분배를 생각해야 했다. 전시 공간은 여러 작가들의 작품을 전시 · 판매하는 갤러리 콘셉트를 원했고, 작업 공간은 편안한 분위기에서 작업과 클래스를 할 수 있도록 화려한 컬러나 장식을 배제한 미니멀한 분위기를 원했다. 우선 시그니처 컬러를 블랙, 그레이, 화이트, 베이지 등의 베이직한 컬러로 잡았고, 튀는 컬러가 없어 지루하게 느껴질 수 있기 때문에 소재감이 돋보이는 철이나 콘크리트, 돌을 사용하는 것으로 정했다.

〈인테리어 콘셉트〉

〈인테리어 색감〉

Brand signature color

black

gray

white

beige

Brand material

concrete

steel

stone

〈도면 작업〉

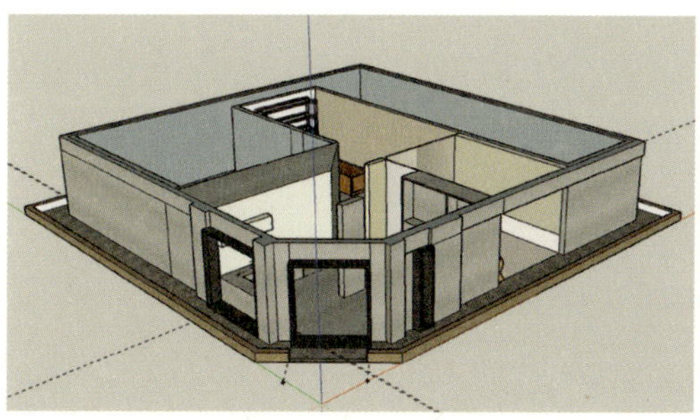

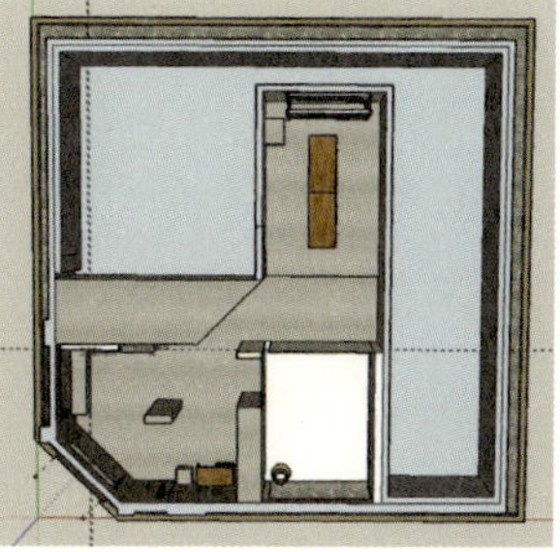

② 예산 설정

인테리어 콘셉트를 잡았다면, 이제 콘셉트에 따라 예산을 잡아 보자. 부동산 계약 다음으로 큰 비용을 차지하는 것이 인테리어 비용이다. 따라서 예산을 잘 분배해 예산 안에서 인테리어를 어떻게 효율적으로 할 것인지 결정해야 하는데, 이것저것 욕심을 부리다 보면 예산이 늘어나기 때문에 집중할 곳과 힘을 뺄 곳의 우선순위를 두고 공사를 진행해야 한다.

셀프 인테리어의 경우 공정별로 예산을 나누는 것이 좋고, 업체를 이용할 경우 인테리어 공사 견적이 업체마다 차이가 많이 나기 때문에 여러 곳에서 견적을 받아 보고 비교한 후 결정해야 한다. 인테리어 업체를 알아보기 힘들다면 네이버에 카페 '인기통(인테리어&기술자 통합 모임)'을 이용하면 필요한 정보와 무료 견적 그리고 인테리어 공사 감독도 직접 선택해서 섭외할 수 있다. 그리고 인테리어 공사 비용은 물론 철거 후 폐기물 비용과 공사를 진행하면서 추가될 수 있는 예비 비용도 예산 안에 넣어 두자.

③ 철거

인테리어 공사 시작 전에 가장 먼저 해야 하는 작업이 철거다. 철거는 내 콘셉트에 맞지 않는 불필요한 부분을 없애는 것인데 과정이 생각보다 복잡하다. 먼저 남길 부분과 철거할 부분을 정한 다음 시작해야 하고, 전문가에게 의뢰해 건물의 구조를 파악한 뒤 적절한 철거 방법으로 진행해야 한다.

클래스와 작업 전용 공간으로 운영했던 준에이치 2호점은 내부 가벽들만 부분적으로 철거 작업을 했다. 공간이 벽으로 조각조각 나뉘어 있어서 평수 대비 공간이 좁아 보였고, 클래스를 운영하기에 공간 활용도도 좋지 못했다. 특히 한가운데를 가로지르는 큰 벽이 있어 가구를 놓기도 애매하고 작업 동선도 효율적이지 못해서 벽을 모두 철거하기로 하고 기술자를 불렀다. 그러나 여러 개의 벽 중 가운데를 가로지르는 큰 벽은 건물을 지탱하고 있는 대들보 같은 기둥이라 철거할 경우 건물이 무너질 가능성이 있다고 했다. 임대인에게 건물 구조를 확인할 수 있는 설계도를 받은 후, 철거 전문가의 도움으로 건물을 지탱하고 있는 중요 기둥만 남기고 나머지 벽은 모두 철거했다. 전문가의 도움 없이 철거했더라면 위험한 상황을 맞이했을 수도 있다고 생각하니 아찔했다.

그리고 현재의 공간인 준에이치 스튜디오는 내벽뿐 아니라 외벽까지 전체적으로 철거를 했고, 외벽은 임대인의 동의와 임대 계약 종료 후 원상 복구하겠다는 조건으로 진행했다. 내부든 외부든 철거를 할 경우에는 꼭 임대인과 협의 후 진행해야 하고 철거한 것들을 원상 복구해야 할 수도 있으니 확인 후 진행하는 것이 좋다.

④ 목공과 도장

목공은 인테리어 시공에서 뼈대가 되는 가장 중요한 작업이면서 가장 비용이 많이 드는 작업이다. 목공은 문, 창문틀, 가벽, 몰딩, 선반, 가구 등이 해당된다. 목공은 자재와 인건비로 나뉘는데 자재의 종류에 따라 비용이 달라지고, 기간이 길어질수록 인건비가 늘어난다. 따라서 도장이나 시트지 작업을 할 경우에는 좋은 목재를 쓰기보다 저렴한 자재를 사용하고, 공간에 딱 맞는 맞춤 가구가 필요한 경우가 아니라면 적당한 사재 가구를 활용해 자재비와 작업 기간을 줄이는 것도 비용을 절약하는 방법이다.

도장 작업은 인테리어 콘셉트에 맞춰 내부의 컬러를 결정하고 문이나 외부 벽에 포인트 컬러를 사용하는 것이 좋다. 준에이치 스튜디오는 외벽이 콘크리트로 되어 있어서 특수 코팅 작업과 내부 시그니처 컬러인 화이트와 그레이로 벽면과 가구 도장 작업을 했다.

목공 작업

도장 작업

⑤ **바닥**

바닥은 금속 공예 공방에서 매우 중요하다. 금속 공예 공방은 망치 작업이나 불 작업을 많이 하고, 금속 자재들이 바닥에 많이 떨어져서 바닥이 견고하면서 청소나 관리가 편한 것이 좋다.

나의 첫 공방인 준에이치 1호점은 바닥이 나무 바닥이었다. 나무 바닥은 내 콘셉트에 맞지 않았고 불을 쓰는 금속 공예 작업에도 불편할 것 같아 교체하려 했다. 하지만 좋은 원목을 사용했고 마감 상태도 좋아 나무 바닥을 제거하기엔 너무 아깝다는 바닥 시공 업체의 말에 우선 사용해 본 후 마음에 들지 않으면 그때 변경하기로 했다. 역시나 사용하면서 점점 불편함을 느꼈다. 일주일에 한 번씩 바닥에 왁스 칠을 해서 닦아 주어야 했기 때문에 번거로움이 이만저만이 아니었고, 불에 달구어진 금속과 무거운 공구들을 떨어뜨려 찍히고 불에 타서 망가진 바닥을 보며 바닥 공사를 하지 않았던 것을 후회했다. 이미 사용하고 있는 여러 가구와 늘어난 짐들을 다 들어내고 바닥 공사를 다시 하겠다고 마음먹는 것은 생각보다 쉽지 않았다. 결국 바닥 교체 대신 원목 바닥을 보수하기로 했고 나무를 깎아 낸 다음 코팅 작업을 해서 아쉬운 대로 사용했다.

현재의 준에이치 스튜디오는 전 임차인이 시공해 놓은 시멘트에 에폭시 코팅이 되어 있는 바닥이어서 특별히 내부 바닥 공사는 하지 않고 외부 바닥만 인테리어 콘셉트에 맞춰 화강암과 파쇄석을 이용해 공사했다. 현재 사용하고 있는 시멘트에 에폭시 코팅이 되어 있는 바닥은 청소가 쉽고 관리가 편해 만족하며 잘 사용하고 있다. 바닥은 나중에 바꾸려고 하면 쉽지 않기 때문에 처음부터 잘 계획해서 내 작업 용도나 스타일에 맞는 바닥재를 선택하는 것이 좋다.

원목 바닥

시멘트에 에폭시 코팅 처리한 바닥

⑥ 조명

조명은 공간의 분위기를 좌우할 정도로 매우 중요하다. 우선 조명 작업을 시작하기 전에 전력량을 확인해야 하는데, 한전 고객센터로 문의하면 바로 확인할 수 있다. 보통 5kw가 적정 수준이기 때문에 간혹 그 미만일 경우에는 증설하는 것이 좋고, 이상일 경우에는 불필요한 비용을 줄이기 위해 전력을 줄이는 게 좋다.

준에이치 스튜디오는 전 임차인이 갤러리로 사용했던 공간이라 이미 레일 조명이 설치되어 있었고, 조명도 원하는 위치에 달려 있어 따로 전기공사는 하지 않았다. 하지만 전구 밝기가 작업을 하기에는 너무 어두워서 작업에 편한 밝기와 색온도를 고려한 전구로 교체하기로 했다. 전구 색상은 밝기와 색온도에 따라 주광색, 주백색, 전구색으로 구분할 수 있는데 잘 사용하면 내 공방의 분위기를 한층 업그레이드할 수 있다. 특히 주백색 전구는 카페나 백화점에 많이 사용되는 전구로 공간을 조금 더 따뜻하고 부드럽게 만들어 준다.

나는 작업 공간에는 눈 피로도가 가장 적은 백색 불빛의 주광색 전구를 사용하고, 쇼룸에는 주광색과 전구색 중간 정도의 따스한 느낌이 드는 주백색 전구를 사용하기로 했다. 미리 인터넷으로 원하는 디자인의 조명등을 고르고 전구의 종류와 밝기를 정해둔 후 을지로4가역에 있는 조명 가게를 돌아보며 발품을 팔면 조금 더 저렴하게 구매할 수 있다.

⑦ 간판과 어닝

간판은 내 공방의 얼굴과 같기 때문에 내가 원하는 콘셉트가 잘 나타나야 한다. 인테리어 업체에 의뢰해 인테리어 공사와 함께 통일감 있게 제작하는 방법도 있지만, 직접 디자인해서 간판 업체에 제작을 의뢰하거나 특별하게 원하는 디자인이 없고 깔끔한 스타일을 찾는다면 온라인에서 마음에 드는 디자인으로 골라 주문할 수도 있다.

준에이치 스튜디오 메인 입구에는 간판 대신 알루미늄 재질의 준에이치 레터링을 벽면에 붙이고 입간판을 놓았다. 그리고 창문이 없는 옆 벽면에는 시그니처 컬러인 그레이 컬러로 간판을 제작해서 내부에 LED 조명을 넣어 준에이치 글자 사이로 빛이 투과되도록 디자인했다.

JUNH
Handmade Jewelry
Metal craft class

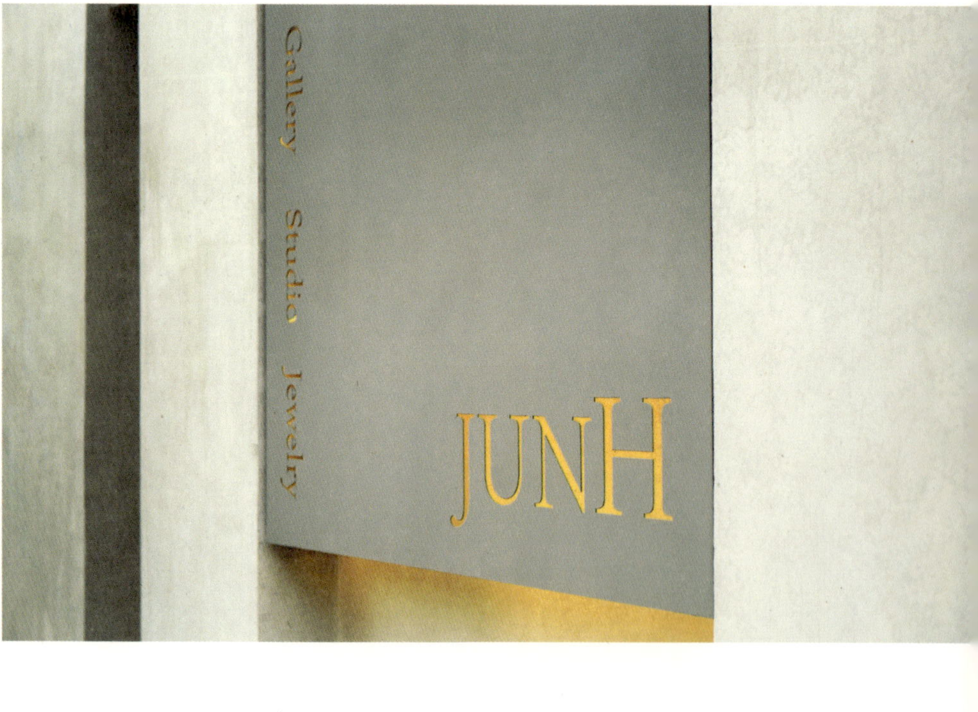

그리고 어닝 간판을 사용해 볼 수도 있는데, 실제로 나의 첫 공방인 준에이치 1호점에는 어닝 간판을 달았었다. 어닝은 외부의 햇빛이나 비가 들이치는 것을 막기 위해 설치하는 일종의 가림막인데 기능성과 인테리어 효과가 있어 간판 대신 많이 사용된다. 어닝은 천의 재질과 수입인지 국산인지에 따라 가격 차이가 있고, 국산 천보다 수입 천이 컬러가 훨씬 다양해서 컬러 선택의 폭이 넓다. 어닝은 접이식과 고정식 등 다양한 종류가 있는데 접이식보다 철재 프레임에 천을 입힌 고정식이 좀 더 깔끔하고 고급스러운 느낌을 준다. 나의 공방 느낌을 잘 생각해 선택하면 어닝도 간판으로 사용하는 데 손색이 없다.

⑧ 가구와 작업 공구 세팅

공방은 판매하는 제품을 진열해 두기 위한 진열대, 작업하기 위한 작업대와 세공 책상 그리고 작업에 필요한 공구들만 잘 준비해 두면 특별히 따로 준비해야 할 가구는 없다. 진열대는 공간이나 판매하는 제품의 성격에 따라 나무나 금속으로 제작할 수 있고 공간이 충분하지 않다면 벽 선반을 활용하는 것도 좋은 방법이다.

작업대는 1인용, 2인용, 4인용으로 나뉘는데 혼자 작업하는 공간이라고 1인용 책상을 구매하는 것보다 공간 여유만 있다면 4인용 책상을 추천한다. 4인용 책상은 여러 가지 작업과 다양한 용도로 사용할 수도 있고, 나중에 원데이 클래스나 정규 과정 클래스를 할 경우 활용할 수도 있다.

세공 책상은 새 제품을 구입하는 방법도 있지만 중고로 구입할 수도 있다. 새 제품과 중고 제품 가격 차이가 크고 새 작업 책상보다 어느 정도 손때가 묻은 작업 책상이 공방이라는 공간과 더 어울릴 수 있으니 중고로 구매하는 것도 좋다. 실제로 중고 세공 책상은 인기가 많아 구입하기 위해 기다리는 사람들이 많기 때문에 공방 오픈 전에 서둘러 예약해 두는 것을 추천한다. 그 외에도 필요한 공구들을 꼼꼼하게 정리한 후 재료상에서 미리 견적서를 받아 두고 예산에 맞춰 필요한 물품을 구입해 두자.

힘든 인테리어 공사가 끝났다. 부족한 비용을 아껴 가며 힘들게 끝낸 인테리어가 아쉽게만 느껴지고 썩 마음에 들지 않을 수도 있다. 그러나 걱정할 것은 없다. 공방은 내가 원하는 것을 만들어 가는 공간이다. 아무리 완벽하게 인테리어를 마쳤다고 하더라도 실제로 그 공간에서 작업하고 생활하다 보면 동선에 맞지 않거나 불편한 것을 느끼게 되고, 미처 생각하지 못했던 필요한 것들을 발견하게 된다. 그렇게 하나씩 필요한 것들을 더해 가고 불필요한 것을 덜어가며 나에게 맞는 공간으로 만들어 가면 된다.

정보

금속 공예 공방에 필요한 공구 및 재료

세공 책상, 태장대, 책상 바이스, 탁상 램프, 톱대, 톱날, 세공줄, 망치, 정반, 모루목, 모루, 지환봉, 팔찌봉, 압연기(롤러), 핸드 드릴, 링게이지, 봉게이지, 핸드피스, 세공바, 자석 바렐기, 버니어 캘리퍼스, 전자 저울, 태핑 블럭, 공이, 광쇠, 갈기, 핀셋, 세척기, 집게, 니퍼, 실버 크리너, 루페, 광약, 광수건, 보안경, 사포, 내화 벽돌, 고정 집게, 땜벽돌, 붕사, 용해 작업대, 가스 토치, 붕사, 은땜, 골돌, 도가니, 땜가위, 산화물 제거제, 비커, 삼발이, 알코올 램프, 앞치마, 작업용 장갑

금속 공예 재료와 도구 구매처

금속 공예 재료와 도구를 구매할 수 있는 상점은 대부분 종로3가에 있으며, 오프라인에서 직접 구매하거나 온라인으로도 구매할 수 있다.

- 영진재료상사(tel. 02-741-5079)
  서울 종로구 돈화문로6가길 14–4 / www.youngtool.com
- 대성재료상사(tel. 02-762-3808)
  서울 종로구 돈화문로10가길 7 / www.e-deasung.co.kr
- 대진재료상사(tel. 02-766-0985)
  서울 종로구 돈화문로 48 / www.dj0985.com
- 삼정사(tel. 02-744-7580)
  서울 종로구 종로3가 33 / www.samjungsa.kr.com
- 종로재료상사(tel. 02-766-8660)
  서울시 종로구 돈화문로10길 18 신광빌딩 1F

인터넷에 내 공방 등록하기

"거기 꽃집 아닌가요?"

"주소를 검색하면 다른 가게가 나오는데요?"

여러 차례 반복되는 상호와 주소를 확인하는 전화에 '아차!' 싶었다. 공방을 오픈하면서 포털 사이트에 공방 정보와 주소를 등록하지 않아 이전 가게의 상호가 검색되는 것이었다. 블로그와 SNS로 열심히 홍보하면 된다고 생각했는데 생각보다 네이버나 다음 등 포털 사이트에서 검색하고 찾아오는 손님들이 많았다.

인터넷에서 물건을 구매하거나 그 가게를 직접 방문하려고 할 때 우리는 자연스럽게 포털 사이트에 그 가게를 검색해 본다. 그런데 인터넷에 아무런 정보가 없거나 잘못된 정보가 있다면 상품 구매나 방문이 꺼려질 것이다. 그래서 공방 오픈 후 꼭 해야 하는 일 중 하나가 인터넷 포털 사이트에 내 공방의 정보와 주소를 등록하는 일이다. 포털 사이트에 내 공방 등록하는 것은 사업자 등록증과 사업장 사진만 있으면 어렵지 않게 할 수 있고, 비용도 전혀 들지 않으니 꼭 해 두는 것이 좋다. 많은 사람이 사용하는 포털 사이트인 네이버 스마트 플레이스, 구글 마이 비즈니스, 다음 검색등록에서 내 공방 등록하는 방법을 간단히 소개해 보겠다.

네이버(NAVER) 스마트 플레이스

'스마트 플레이스'는 네이버에 검색했을 때 내 공방의 정보와 지도 정보를 등록할 수 있는 서비스다. 네이버에 스마트 플레이스를 검색하거나 스마트 플레이스 앱으로 간편하게 등록 및 관리를 할 수 있다. 업체명과 주소, 전화번호, 업종 등의 기본 정보와 가게 오픈 시간, 휴일 등의 추가 정보를 입력할 수 있다. 그리고 스마트 플레이스에서는 내 공방을 대표할 키워드 5가지를 입력할 수 있는데, 내가 대표 키워드로 설정한 단어를 사람들이 검색하면 내 공방이 검색 결과에 노출된다. 내가 어떤 키워드를 선택하느냐에 따라 내 공방이 쉽게 검색될 수도 있고 반대로 검색이 되지 않을 수도 있다. 잘만 활용하면 잠재 고객을 확보하는 홍보 수단이 될 수 있으니 내 공방을 가장 잘 나타낼 수 있는 핵심 키워드를 신중히 고민해서 선택하는 것이 좋다.

구글(GOOGLE) 마이 비즈니스

'마이 비즈니스'는 무료 비즈니스 프로필로 구글에 내 공방 정보를 등록하는 서비스다. 구글은 전 세계인들이 제일 많이 사용하는 포털 사이트로 해외 판매 및 외국인들을 대상으로 하는 클래스를 염두에 두고 있다면 등록해 두는 것을 추천한다. 업체명과 카테고리, 연락처, 사이트 주소 등의 기본 정보를 입력한 후 상세 주소를 입력하면 구글에 내 공방 정보와 함께 지도 정보도 등록된다. 마지막으로 비즈니스가 본인 소유가 맞는지 인증 절차를 거쳐야 하는데 전화 인증 방법도 있지만 오프라인 사업장의 경우 우편엽서로 인증을 해야 한다. 인증은 최대 17일이 소요된다고 명시되어 있지만 실질적으로 평균 30일이 소요되니 여유를 가지고 기다리는 것이 좋다. 인증 우편엽서를 받은 후 인증 등록 완료까지 하고 하면 구글에 내 공방 등록이 끝난다.

다음(DAUM) 검색등록

'검색등록'은 다음 메인 홈페이지 하단에 있는 검색등록에서 할 수 있다. 검색등록은 사이트 검색, 지역 정보, 블로그로 나뉘어 있어 나의 해당 사항에 맞게 등록할 수 있다. '사이트 검색'은 온라인 웹사이트만 가지고 있는 경우, '지역 정보'는 온라인 웹사이트와 오프라인 매장을 가지고 있는 경우, '블로그'는 블로그 혹은 웹문서 검색에 노출을 원하는 경우에 선택하면 된다. 업체명과 웹사이트 주소, 오프라인 주소, 업체 정보 등을 꼼꼼히 작성하기만 하면 보통 그다음 날 입력한 메일로 간단한 확인 절차를 거친 후 등록이 완료된다. 다음 지도는 카카오 맵과 연결되어 있어서 다음에 검색등록을 하면 카카오 내비와 카카오 맵에도 자동 등록이 된다. 또 다음 검색을 통해 방문한 사람들의 데이터 및 업체에 대한 평가도 확인할 수 있다.

머리 아픈 세금 신고 제대로 하기

공방을 오픈하고 시간이 흐르면 슬슬 세금 걱정이 밀려오고 세금이라는 단어만 들어도 머리가 복잡해진다. 주위에서 세금 신고를 잘못해서 세금 폭탄을 맞았다는 무시무시한 이야기까지 들려오면 걱정은 점점 커져만 간다. "그냥 세무사에게 다 맡겨 버릴래"라고 할 수도 있지만, 초기에는 매출도 많지 않은데 매월 세무사에게 지불해야 하는 비용이 세금만큼이나 부담스러울 수도 있고 어느 정도 기본 지식이 있어야 세무사의 말을 이해하고 필요한 자료들도 준비할 수 있다. 그리고 매출이 거의 없는 경우에는 신고할 것이 많지 않아 홈택스로 간단하게 직접 신고할 수도 있으니 부가 가치세, 종합 소득세, 근로 소득세에 대해 간단한 개념과 신고 방법을 알아 두자.

부가 가치세

부가 가치세는 상품의 거래나 서비스의 제공 과정에서 얻어지는 부가 가치에 대한 세금으로 사실상 소비자가 납부하는 세금이다. 쉽게 말하면 사업자는 판매할 상품의 금액을 부가 가치세를 더한 금액으로 책정하고, 소비자는 상품의 금액+부가 가치세가 더해진 금액으로 구매한다. 그리고 소비자가 낸 이 부가 가치세를 소비자 대신 사업자가 직접 국가에 신고하는 것이다.

또 부가 가치세는 매입 부가세가 많을수록 공제되는 세액이 많아지므로 지출 시 세금 계산서, 카드 영수증, 현금 영수증 등 증빙 서류를 잘 챙겨 두어야 한다. 현금 영수증은 지출 증빙용이어야 하고, 카드는 꼭 사업자 명의가 아니어도 되지만 사업의 용도로 사용된 것이어야 한다. 단, 연간 매출 4천 800만 원 미만 간이 과세자가 발행한 각종 영수증은 부가 가치세 매입 세액 공제가 되지 않는다.

종합 소득세

종합 소득세는 이자, 배당, 사업(부동산 임대), 근로, 연금, 기타 소득을 총칭하는 용어로 지난 일 년 동안의 경제 활동으로 얻은 소득에 대해 납부하는 세금이다. 종합 소득세는 다음 연도 5월 1일부터 5월 31일(신고 기한이 토요일, 공휴일인 경우 그다음 날)까지 신고해야 하며, 성실신고확인서 제출자는 다음 연도 5월 1일부터 6월 30일까지 신고해야 한다. 신고 기간을 놓칠 경우 무신고로 처리가 되어 신고가 늦어진 만큼의 날짜를 계산해 가산세가 부과되고, 신고는 했지만 세금 납부를 하지 않은 경우 '납부 지연 가산세'가 부과가 되니 기간을 놓치지 않고 신고해야 한다.

납부 방법은 모바일 홈택스 앱에서 신고하는 방법, PC 홈택스에서 신고하는 방법, 주소지 관할 세무서에서 우편 또는 팩스로 서면 신고하는 방법,

세무 대리인을 통해 신고하는 방법이 있다. 현명하게 잘 신고하면 절세 및 공제, 환급을 받을 수도 있으니 자신의 유형을 파악해서 적절한 방법을 선택하는 것이 좋다.

근로 소득세(원천세)

근로 소득세는 직원이 있는 개인 사업자가 내야 하는 세금이다. 1인 사업자일 때는 근로 소득세 신고가 필요 없지만 사업장 운영을 하면서 정규직, 일용직, 프리랜서 등의 직원을 채용했을 경우 그에 따른 세금 원천 징수와 함께 인건비 신고를 해야 한다. 공방은 보통 1인 사업자인 경우가 많기 때문에 근로 소득세를 신고할 일이 드물긴 하지만 직원을 채용했을 경우 국민연금, 건강보험, 고용보험, 산재보험 4대보험과 함께 근로 소득세를 꼭 신고해야 한다. 신고는 매월 급여를 지급한 달 10일까지 해야 하며 미납 시 가산세가 부과된다.

정보

세금 절약하는 방법

① 세금 계산서, 신용 카드 매출 전표, 현금 영수증 등의 매입 증빙 서류를 꼼꼼히 챙겨 매입 자료가 부족할 경우를 대비해 둔다.

② 사업자용 신용 카드를 홈택스에 등록해 둔다. 자동으로 신용 카드 사용 내역이 국세청에 통보가 되기 때문에 따로 챙기기가 번거롭다면 좋은 방법이다.

③ 월세, 카드 수수료, 전기세, 수도세 등이 사업자 명의로 되어 있는지 확인하자. 임대인이나 이전 임차인으로 되어 있을 경우 부가세 공제를 받을 수 없으니 꼭 확인해서 변경해 두어야 한다.

④ 매출이 없더라도 매출이 없다는 사실을 신고해 두어야 가산세를 내지 않으니 성실히 신고해야 한다.

⑤ 거래처 접대비, 경조사비 처리도 꼼꼼히 챙기자. 경조사비는 1회당 20만 원까지 처리할 수 있다.

⑥ 자영업자 세금 절세 제도인 '노란우산공제'를 활용하자. 노란우산공제는 최대 500만 원까지 소득 공제를 받을 수 있다. 사업 소득 금액에 따라 소득 공제 금액이 다른데 사업 소득 금액이 4천만 원 이하일 경우에는 500만 원, 사업 소득 금액이 4천만 원 초과 1억 원 이하인 경우에는 300만 원, 1억을 초과하는 경우에는 200만 원의 소득 공제를 받게 된다.

Part 3.

작은 공방에도 브랜딩이 필요하다

SNS는 선택이 아닌 필수

"SNS를 꼭 해야 하나요? 저는 그런 걸 잘 못해서요"라는 질문을 자주 받는다. 그 질문에 대한 대답은 1초의 망설임 없이 'YES!'다. 준에이치 스튜디오는 특별한 광고나 홍보를 하지 않았지만 감사하게도 수강과 제작 문의가 끊이지 않는다. 공방에 찾아온 수강생이나 손님에게 "어떻게 공방을 방문하게 되었나요?"라고 물으면 대부분 인스타그램과 블로그를 통해 방문하게 되었다고 대답한다.

나는 지극히 아날로그적 인간이다. 한글 파일을 열어 문서 작성을 겨우 하는 정도의 컴퓨터 실력에다가 "도대체 스마트폰을 왜 가지고 다니는 거야?"라는 질문을 받을 정도로 스마트폰 기능을 제대로 사용하지 못한다. 그러나 다행히도 사진 찍는 일과 기록하는 일을 좋아한다. 공방을 시작하기 전부터 평소 카메라로 찍은 사진을 블로그에 꾸준히 올렸고, 공방을 오픈하게 되면서 자연스럽게 준에이치 스튜디오 계정을 새로 만들어 공방에서 일어나는 소소한 일들을 블로그에 기록하기 시작했다.

나의 첫 반려견 훈희가 공방에 처음 왔던 날 이야기, 공방에서 작은 톱으로 나무를 잘라 훈희의 집을 만들어 주었던 이야기, 공방에 방문한 손님들과 연희동 이웃들의 이야기, 작업 이야기 그리고 전시 소식을 블로그에 차곡차곡 올렸다. 블로그에 이야기가 쌓여 가자 블로그를 보고 공방을 방문하는 사람들이 생기기 시작했고, 마침 연희동이 점점 핫 플레이스로 떠오르면서 자연스럽게 준에이치 스튜디오가 검색되거나 매스컴에 조금씩 공방이 소개되기도 했다. 그리고 '연희동 핫 플레이스', '서울에서 꼭 가 봐야 할 곳' 등 여행 서적과 국내 · 국외 잡지에도 공방이 소개되면서 해외 관광객들의 여행 코스에 준에이치 스튜디오를 방문하는 코스가 생기기도 했다.

단지 블로그만 했을 뿐인데 생각지도 못한 엄청난 수확이었다. 점차 수강생들이 늘어 가면서 수강생들이 만든 작품과 클래스 시간에 있었던 재미있는 에피소드들을 더 많이 더 열심히 기록했다. 그리고 금속 공예 커리큘럼, 금속 공예 기법, 자주하는 질문을 정리해서 블로그에 포스팅했다. 물론 매일은 아니었지만 꾸준히 공방의 일상을 기록했고, 쌓여 가는 블로그의 글만큼 수강을 문의하는 사람들도 늘어 갔다.

그러던 어느 날 "선생님, 요즘은 인스타그램이 대세예요!"라며 계정 만드는 방법을 알려 주겠다는 한 수강생의 권유로 인스타그램을 시작하게 되었다. 인스타그램은 블로그와는 또 다른 세계였다. 블로그보다 훨씬 직관적으로 공감과 피드백을 받을 수 있었고 더 다양하고 많은 사람들과 소통할 수 있었다. 처음부터 SNS 마케팅을 의도하고 홍보 목적으로 인스타그램을 시작한 것은 아니었다. 내 일상과 작업물을 공유하면서 나와 취향이 비슷한 사람들과 공감대를 형성하고 소통하다 보니 자연스럽게 홍보가 되고 매출로 연결되었다.

인스타그램에서 내가 만든 주얼리 착용 샷을 보고 구매하고 싶어 하는 사람들이 늘어났고, 직접 착용해 보고 싶다며 공방을 방문하는 손님들이 생겨났고, 인스타그램에 올린 수강생들의 작품을 보고 한번 배워 보고 싶다는 수강 등록 문의도 많아졌다. 그리고 해외에 있지만 언젠가 기회가 되어 한국에 가게 되면 준에이치 스튜디오에서 꼭 배워 보고 싶다는 감사한 글도 받아 보았고, 부모님께 물려받은 의미 있는 주얼리를 꼭 우리 공방에서 리세팅하고 싶다는 잠재 고객들도 만나게 되었다. 그리고 그중에서도 가장 의미 있는 일은 수강생들과 SNS를 통해 좀 더 가까워질 수 있었다는 것이다. 클래스 시간 외 수강생들의 개인적인 일상을 보며 공감하고 소통하면서 공방 선생님과 수강생의 관계에서 친구 같은 편안한 사이가 되었다.

2020년 기준, 전 세계적으로 39억 명의 인터넷 사용자 중 약 20억 명이

SNS를 사용하고 있으며 사용량은 점점 더 증가할 것이라고 한다. 그중 인스타그램은 전 세계 월간 활성 사용자(MAU) 수가 10억 명 이상이고, 한국인 4명 중 1명은 인스타그램을 사용하고 있다고 한다. 이러한 통계만 보더라도 "꼭 SNS를 해야만 하는가?"라는 질문에 대한 답이 될 것이다. SNS는 관리만 잘하면 소통을 넘어서 내가 만든 제품의 홍보와 판매까지 가능하다.

또 페이스북이나 인스타그램에는 쇼핑 기능도 있어서 제품 홍보뿐만 아니라 판매 효과도 낼 수 있고, 인플루언서 마케팅을 잘 활용한다면 내가 만든 제품과 내 공방을 홍보하는 데 도움이 된다. 이렇게 SNS는 많은 광고비를 들이지 않고도 내 공방을 홍보할 수 있고 잠재 고객과 소통할 수 있다는 점 등 너무나 많은 장점이 있어서 공방을 시작하는 예비 창업자에게 SNS는 꼭 하라고 말해 주고 싶다.

인스타그램뿐만 아니라 페이스북, 카카오 스토리, 트위터, 유튜브 등 나라별로 나이별로 SNS 선호도와 이용자 수가 다르므로 나의 공방 성격에 맞는 소셜 미디어를 찾고 나에게 맞는 방법으로 꾸준히 관리하는 것이 좋다. 그리고 선택한 SNS에 꾸준히 공방 스토리를 쌓아 나간다면 공방 홍보와 판매에 도움을 줄 것이다.

TIP 인스타그램으로 내 공방 홍보하기

인스타그램은 남녀노소 관계없이 가장 많이 사용하고 있는 SNS인 만큼 잘 활용한다면 투자 대비 더 큰 홍보 효과를 얻을 수 있는 플랫폼이다. 인스타그램을 잘 관리해서 내 공방을 홍보해 보자.

① 비즈니스 계정으로 전환하자

인스타그램 계정을 처음 만든다면 비즈니스 계정으로 만들고, 이미 계정을 가지고 있다면 비즈니스 계정으로 전환하자. 비즈니스 계정은 영업 시간, 매장 위치, 전화번호 등의 비즈니스 정보를 추가할 수 있다. 그리고 스토리와 게시물에 대한 인사이트, 즉 통계 자료를 볼 수 있어서 게시물이 노출된 횟수와 어떠한 경로를 통해 노출되었는지 반응이 좋은 제품이 무엇인지 확인한 후 그 제품을 게시물에서 바로 광고를 통해 홍보할 수 있다. 비용은 하루 2천 원부터 6일에 3만 원, 기간은 1일부터 30일까지 원하는 대로 정할 수 있으며 홍보할 타깃도 직접 옵션을 입력해 만들 수 있다.

② 인스타그램의 기능을 최대한 활용하자

인스타그램은 카메라, 필터, 스토리, 릴스, 장소 태깅, DM, IGTV, 좋아요, 댓글 등 많은 기능이 있다. 인스타그램은 될 수 있는 한 많은 기능을 사용해야 노출이 많이 되는 알고리즘을 가지고 있다. 특히 최근 인스타그램의 새로운 기능인 릴스는 새로운 기능 홍보를 위해 이 기능을 사용하는 유저들을 더 많이 노출해 준다고 하니 이 기능을 잘 활용해 보는 것도 좋다. 그리고 계정을 관리하는 데만 그치지 말고 다른 유사 계정에 좋아요를 누르고 댓글을 남기는 등 적극적으로 소통하는 것도 중요하다. 특히 나와 관심사가 비슷하거나 내가 만든 제품에 관심을 가질 만한 사람들과 꾸준히 소통하고, 동종업계 사람들보다 유사업계의 사람들과 소통해 잠재 고객을 확보하는 것이 좋다.

③ 정해진 시간에 꾸준히 업데이트하자

내가 올린 스토리와 게시물에 대한 인사이트를 통해 반응이 좋은 게시물을 확인하고, 나를 팔로우하는 사람들이 댓글이나 좋아요 등 활발하게 활동하는 요일과 시간을 파악해서 그 시간에 꾸준히 업데이트하면 내 계정 노출에 도움이 된다. 일주일에 게시물을 올릴 횟수와 시간을 정해 꾸준히 업데이트한다면 홍보 효과가 있을 것이다.

벤치마킹 제대로 하기

"어리석은 사람은 자신의 경험에서만 배우지만 현명한 사람은 다른 사람의 경험에서 배운다." 독일의 정치가 오토 폰 비스마르크가 한 말이다. 어떤 일을 시작할 때 내가 경험해 본 것들을 토대로 나아가는 것도 중요하다. 그러나 성공한 사람들의 사례를 참고해 내가 겪어야 할 시행착오를 줄이고 조금 더 빠르게 내가 원하는 것 그리고 나아가야 할 방향을 명확히 정하는 것이 조금 더 현명한 선택일 수도 있다.

벤치마킹은 제대로 잘하는 것이 중요하다. 많은 사람들이 벤치마킹은 그저 잘나가는 대상을 따라 하는 것으로 생각해 "나도 저렇게 될 수 있겠지?"라며 아무 고민 없이 무작정 따라 하려고 한다. 그러나 벤치마킹은 단순히 성공한 대상의 모방이나 복제가 아니다. 성공한 대상의 사례를 분석해 장점은 나에게 적용하고, 단점은 보완하거나 수정해서 더 나은 결과를 나에게 반영시키는 것이다.

내가 처음 공방을 시작했을 때인 10년 전만 해도 우리나라에는 공방이 그리 많지 않았고, 특히 금속 공예 공방을 벤치마킹할 곳은 더더욱 없었다. 그러던 중 우연한 기회에 유럽 공방 투어를 하게 되었고, 그곳에서 보았던 공방을 벤치마킹해서 작업실과 쇼룸이 함께 있는 공간을 만들었다. 작업 공간과 판매 공간을 오픈형으로 만들어 공방에 방문한 사람들이 작업 책상과 작업 도구 그리고 작업하는 모습을 실제로 보고 호기심을 가질 수 있도록 했다. 또 공방에서 쓰이는 롤러(압연기)나 망치 등의 공구를 쇼룸에 자연스럽게 두어 누가 봐도 공방이라는 느낌이 들도록 인테리어 효과를 주었다. 생각했던 대로 사람들의 호기심을 자극해 공방 안으로 들어와서 보거나 작업하는 모습을 보면서 금속 공예 기술을 배우고 싶다고 문의하는 사람들이 생기게 되었다.

본격적인 벤치마킹은 클래스 운영을 하면서부터였다. 공방을 오픈하고 2년쯤 지나서 클래스를 시작했는데, 당시엔 클래스를 운영하는 금속 공예 공방이 거의 없었기 때문에 유사한 가죽 공방 클래스, 요리 학원의 요리 클래스, 꽃집의 꽃꽂이 클래스 등 체계적인 커리큘럼으로 클래스를 운영하는 곳을 주로 벤치마킹했다. 수강생 모집은 어떤 방식으로 하며 관리는 어떻게 이루어지는지, 커리큘럼은 어떻게 짜여 있고 수강료는 어느 정도인지, 수강 등록은 어떤 식으로 받는지 등을 꼼꼼히 살핀 후 나에게 맞는 클래스 형태와 운영 방법을 만들어 나갔다.

특히 수강 상담이나 등록을 어떻게 받을 것인지에 대한 고민이 많았는데, 내가 벤치마킹했던 곳들은 대부분 온라인이나 SNS로 수강 상담과 등록을 받는 시스템이었다. 그러나 금속 공예는 처음 접해 보는 사람들이 많아 수강 신청하기 전 금속 공예가 적성에 맞을지, 어느 정도의 수준으로 배워야 하는지, 재료비는 어느 정도 드는지 등의 문의가 많아 일일이 상담하기가 힘들었다. 그리고 공간을 직접 눈으로 보고 싶어 하는 사람들이 많아 온라인이나 SNS 예약으로만 수강 등록을 받는 것도 어려웠다. 그러다 보니 상담을 받겠다고 공방으로 불쑥 찾아오거나 클래스 시간에 상담 전화를 받는 일이 많아져 점점 방해가 되고 힘들어졌다.

고민 후 카카오 비즈니스 계정을 만들어서 카카오 채널을 통해서만 상담했고, 방문 상담이나 전화 상담은 정해진 시간에 예약을 통해서만 가능하도록 했다. 그런데 또 다른 문제가 생겼다. 그렇게 예약을 통해 수강 상담 후 수강 등록을 하겠다고 했지만 막상 클래스 당일이 되면 연락이 두절되는 사람들이 생겨났다. 클래스를 운영하는 다른 공방들을 보니 노쇼에 대비하기 위한 예약금 제도가 있었다. 그래서 준에이치 스튜디오도 수강 등록 전 예약금을 받고 예약금을 납부한 순서대로 수강 등록을 받기로 하면서 노쇼 문제를 해결할 수 있었다.

오래된 공방이라고 해서, 유명한 공방이라고 해서 모든 것이 다 완벽하고 나와 잘 맞는 것은 아니다. 나에게 맞지 않는 것은 덜어 내고 나에게 맞게 바꿔 적용해야 한다. 공방 창업을 준비하며 클래스를 운영하려고 하는 분들 중 준에이치 스튜디오의 커리큘럼을 토씨 하나 틀리지 않고 그대로 따라 하는 경우를 종종 보았다. 그리고 블로그와 인스타그램에 올려놓은 수강생들의 작품을 그대로 카피해서 클래스 샘플로 만들고 카피한 그 작품을 수강생들에게 가르치는 분들도 보았다. 공방은 시간이 쌓여 공방의 나이만큼 수강생들의 실력도 향상되고 작품 수준도 높아지게 된다. 수강생들의 실력이 향상됨에 따라 커리큘럼도 조금 더 전문화, 고급화되어 간다. 그러다 보면 자연스럽게 공방 포트폴리오가 쌓이게 되고, 그 포트폴리오를 보고 수강을 원하는 사람들이 늘어 간다.

새로 오픈해서 포트폴리오가 전혀 없는 공방의 커리큘럼이 전문적이라 해서 그 커리큘럼만 보고 덜컥 등록하는 사람은 많지 않다. 잘되는 공방의 커리큘럼을 그대로 따라 하기보다는 분석과 고민을 통해 내가 잘할 수 있는 것들로 커리큘럼을 짜고 다른 공방에는 없는 차별화된 나만의 커리큘럼을 만들어 가는 것이 좋다. 공방은 나만의 디자인으로 남들과 다른 창의적인 작업을 하기 위해 오는 공간이다. 나만의 차별화된 무엇은 사람들을 끌어당기는 힘이 있다.

실패하지 않는 네이밍

브랜드라고도 불리는 상호명, 즉 공방 이름은 공방을 대표하는 얼굴이자 공방의 정체성을 가장 잘 드러낼 수 있는 것이기 때문에 신중히 고민해서 지어야 한다. 내가 보여 주고 싶은 이미지와 전달하고 싶은 가치가 명확히 담겨 있는 이름이 좋다. 한 번 들으면 바로 기억할 정도로 특색이 있거나, 쉽게 기억되는 되는 이름이거나, 사람들에게 불리기 쉽고 발음이 쉬운 이름이면 더 좋다.

준에이치는 아쉽게도 실패한 네이밍에 가깝다. 공방을 오픈할 때만 해도 작업 위주의 프라이빗한 공간을 만들고 싶었기 때문에 별 고민하지 않고 서명에 늘 적던 나의 이름 약자 JUNH를 망설임 없이 공방 이름으로 정하고 간판에 떡하니 박아 넣었다. 그러나 점차 손님들이 늘어나면서 저마다의 이름으로 준에이치 스튜디오를 부르고 있다는 것을 알게 되었다. 준에이치는 준 공방, 준희 공방, 준하 공방, 주노 공방 등 뜻하지 않게 수많은 이름을 가지게 되었고, 단골손님들과 수강생들조차도 제대로 된 이름을 기억하지 못하는 경우도 있었다.

결국 공방 이름을 바꾸려고 진지하게 고민하기 시작했고 이름 잘 짓기로 유명하다는 작명소까지 찾아갔다. 그러나 작명소에서 이름이 너무 좋으니 절대 바꾸지 말라는 예상외의 답변을 듣고 결국 이름을 바꾸지 못한 채 돌아왔다는 웃픈 사연이 있다. 작명소에서 들은 답변도 한몫했지만, 공방 이름을 바꾸게 되면 수정해야 할 서류부터 시작해서 간판, 로고, 명함 등 신경써야 할 것들이 너무 많아 결국 현재의 공방 이름을 그대로 사용하기로 했다. 이렇게 공방 이름은 한번 정하면 바꾸기가 쉽지 않기 때문에 신중히 결정해야 한다. 오래도록 불릴 내 공방 이름을 정하는 것이 쉽지 않겠지만, 내가 담고 싶은 이야기들을 머릿속에 떠올린 다음 하나씩 글로 정리해 보면 생각보다 어렵지 않게 내 공방에 어울리는 이름을 정할 수 있다.

실제로 준에이치 창업반 클래스에서 하는 네이밍 방법을 소개해 보겠다. 나는 어떤 사람이고 내가 좋아하는 것은 무엇인지, 내 공방은 어떤 공방인지, 내 공방이 어떤 공방으로 되기를 바라는지, 내가 만든 제품이 사람들에게 어떻게 보이길 바라는지에 대해 편하게 내가 하고 싶은 이야기들을 써 보자. 그리고 내가 쓴 글을 천천히 읽어 보면서 그 속에서 주요 키워드를 뽑아 보자. 이름으로 쓰기 좋은 단어나 나에게 의미 있는 단어면 더 좋다. 이러한 방법으로 만들어진 이름은 아무런 의미 없는 그저 예쁜 단어들의 조합이 아닌 나의 이야기가 담긴 의미 있는 공방 이름이 될 것이다. 예시로 수강생 K의 네이밍을 살펴 보자.

"제가 생각한 공방 이름(브랜드)은 Capitano K고 Captain K라는 뜻의 이탈리아어입니다. 이탈리아어를 사용한 이유는 이탈리아 주얼리 유학을 꿈꾸며 공부했기 때문입니다. 최근에 '우리는 선장이고 항해를 하고 있습니다. 그런데 그냥 주어진 일상을 사는 것은 파도가 원하는 곳으로 그냥 흘러간다는 뜻이에요. 파도를 따라가려면 선장을 왜 해요. 그냥 플랑크톤이랑 미역도 그 정도는 하잖아요?'라는 이야기를 들었는데 매우 인상적이었습니다. 그래서 Captain K를 공방 이름으로 하게 된다면 로고는 앞으로 나아간다는 의미를 담아서 돛으로 하고 싶습니다. 사실 저는 30년 동안 주어진 일상을 적당히 살아 내는 데 주력해 왔습니다. 하지만 금속 공예를 시작하면서, 창업을 준비하면서 너무나 오랜만에 제 삶의 키를 쥐고 항해하는 느낌입니다. 이런 의미를 담아 앞으로도 선장의 본분을 다하겠다는 뜻에서 Captain K라고 지어 봤습니다."

물론 이 이름은 가독성, 심미성 등 네이밍에 적합하지 않은 여러 가지 이유로 실제로 사용하지는 않았다. 그러나 내가 살아온 이야기와 앞으로의 포부가 담겨 있어 기억에 남는 이름임은 분명하다. 공방 이름은 잘 짓기만 하면 이름만으로 홍보가 되기도 하고, 많은 사람들에게 사랑받기도 한다. 내가 이야기하고 싶은 것을 잘 담아서 사람들의 기억 속에 오래 기억될 공방 이름을 지어 보자.

TIP

실패하지 않는 내 공방 이름 짓기

네이밍을 위해 체크해야 할 사항

☐ 내 공방(브랜드)을 대표할 수 있는 스토리나 철학이 담겨 있는가?

☐ 다른 공방과 이름이 비슷하거나 겹치지는 않는가?

☐ 한 번 들으면 쉽게 기억되는가?

☐ 발음이 쉽고 듣기에 불편하지 않은가?

☐ 시각적으로 보기에 좋은가?

☐ 내가 만든 제품과 공간에 어울리는가?

☐ 내 제품의 타깃층에 적합한 단어인가?

☐ 외국어로 부정적인 의미가 있지는 않은가?

☐ 포털 사이트 검색이 쉽고 부정적인 내용이 없는가?

키워드로 네이밍하는 방법

☐ 단어 자체가 흔하지 않고 예쁜 어감일 경우 단어 그대로 사용한다.

☐ 단어 두 개를 조합해서 새로운 단어를 만든다.

☐ 단어에서 불필요한 부분을 자르거나 축약해서 새로운 단어를 만든다.

☐ 여러 가지 단어를 조합한 후 첫 글자를 따서 만든다.

☐ 의미는 좋지만 어감이 좋지 않거나 시각적으로 예쁘지 않을 경우 외국어로 바꿔 본다.

☐ 단어가 너무 단순해서 특색이 없는 경우 관사나 전치사 또는 의미 있는 숫자들과 조합한다.

내 공방을 지키기 위한 상표 등록

공방 이름을 정했다면 내 공방을 지키기 위한 상표 등록을 해야 한다. 상표 등록은 동일하거나 유사한 상표로 내 공방 이름을 사용하지 못하도록 법적으로 보호해 주는 제도다. 상표 등록의 가장 큰 이점은 브랜드 가치 상승인데, 공방을 창업하고 내가 만든 제품으로 나만의 브랜드를 키워 나가는 데 있어서 큰 안정감을 준다.

반대로 상표 등록을 하지 않았을 경우, 내가 먼저 혹은 더 오랫동안 공방 이름을 사용했다 하더라도 동종 업체에서 먼저 상표 등록을 하게 되면 법률적 책임과 더불어 내가 오랫동안 사용한 공방 이름을 더 이상 사용할 수 없게 된다. 그리고 이름과 더불어 힘들게 쌓아 온 브랜드 이미지와 가치가 사라지는 것은 물론이고, 이름을 아예 사용할 수 없기 때문에 로고, 명함, 간판 등을 변경해야 하는 최악의 상황에 이르게 될 수도 있다.

상표 등록은 10년 동안 유효하고 갱신만 해 준다면 평생 사용이 가능하다. '나는 아니겠지?', '내 브랜드 이름을 누가 따라 하겠어?' 하는 안일한 생각보다 혹시 모를 사태에 대비해 안전하게 내 공방 이름과 브랜드를 오래 유지하고 지켜 나가자.

상표 등록 절차와 방법

상표 등록 절차는 상표 검색(사전 조사), 출원, 특허청 심사, 등록으로 나뉘며 상표 등록 완료까지 대략 10개월~12개월 정도 걸리기 때문에 창업 전 미리 신청하는 것이 좋다.

상표 검색(사전 조사)

상표 등록을 하기 위해서는 먼저 유사한 상표가 있는지, 이미 등록된 상표는 아닌지, 등록이 가능한 상표인지 확인해야 한다. 상표 확인은 한국특허정보원 키프리스(www.kipris.or.kr)에서 무료로 검색이 가능하고, 등록된 상표뿐 아니라 소멸된 상표와 현재 출원 중인 상표까지 모두 확인할 수 있다. 이미 등록된 상표나 유사한 상표가 있을 경우 등록이 아예 불가능하니 미리 검색해 보고 문제가 없는 상표로 신청해야 한다. 그리고 상표명은 너무 일반적이거나 고유 명사일 경우 등록되지 않을 확률이 높다. 두 단어의 조합이나 숫자와 단어의 조합 등 새롭게 창조된 단어일 경우 등록 확률이 높아진다.

상표 출원

내가 원하는 상표가 등록되어 있지 않은 것을 확인했다면 상표 출원을 준비하면 된다. 상표 출원은 특허로(www.patent.go.kr)에서 사용자 고유 번호를 발급받아 신청하면 된다. 신청서를 제출한 날짜 기준으로 심사가 시작되니 가급적 빨리 출원을 진행하는 것이 좋다.

특허청 심사와 상표 등록

출원을 마치면 특허청 심사관이 상표 심사를 시작한다. 심사가 거절되었을 경우 2개월 안에 의견서와 증명 자료를 제출해 이의를 제기할 수 있다. 심사가 통과된다면 2개월간 출원 공고를 하는데, 이때 다른 사람으로부터 이의 신청이 있거나 심사관에 의해 새로운 거절 이유를 발견하게 되었을 경우에는 재심사를 하고 그렇지 않은 경우에는 등록이 결정된다. 이후 등록료까지 납부하면 상표 등록이 완료된다. 등록료는 2개월 내에 납부하지 않으면 출원 포기로 간주되니 늦지 않도록 주의하자.

정보

우선심사제도

우선심사제도를 이용하면 상표 등록 기간이 절반으로 단축된다. 우선심사제도는 이미 상표를 사용하고 있어 빠른 심사가 필요할 경우 간판, 명함, 제품, 거래 명세서 등 상표명을 사용하고 있다는 증빙 자료를 제출하면 신청할 수 있다. 그러나 빠른 등록 기간만큼 심사 비용이 추가되기 때문에 경제적으로 부담될 수 있다.

나만의 컬러 정하기

"컬러가 브랜드를 만든다"라는 말이 있다. 이처럼 컬러는 브랜드 정체성을 표현하는 데 매우 중요한 요소이며 브랜드 가치를 높이는 역할을 한다. 공방에서 단순히 예쁜 제품을 만들어 파는 것에 그치지 않고 내가 만든 제품에 브랜드 정체성을 담아 보여 준다면 소비자들에게 각인되어 오래 사랑받는 브랜드가 될 것이다.

미국 컬러 리서치 연구소에 따르면 소비자가 제품을 선택할 때 오감 중 시각이 87%의 영향력을 끼치고, 그중 컬러가 60%로 가장 많은 비중을 차지한다고 한다. 그만큼 컬러가 주는 힘은 무궁무진하다. 코카콜라는 레드 컬러, 스타벅스는 그린 컬러, 티파니는 민트 컬러가 떠오르듯 성공한 브랜드들은 저마다 브랜드를 대표하는 컬러가 있고 그 컬러를 일관되게 사용한다. 이처럼 내 브랜드에 맞는 컬러를 잘 선택해 일관되게 보여 준다면 사람들의 관심과 더불어 잠재 고객을 유도할 수 있다.

브랜드 컬러를 선택할 때는 브랜드의 정체성과 이미지에 잘 맞는지, 타깃층이 선호하는 컬러인지, 제품의 이미지를 돋보이게 해 주는지를 고려해야 한다. 그리고 브랜드 컬러는 메인 컬러와 메인 컬러를 돋보이게 하는 서브 컬러를 선택하고, 공방 인테리어와 디스플레이 소품에도 통일되게 사용하면 브랜드 완성도는 더 높아진다.

준에이치 스튜디오는 어느 누구와도, 어떤 것과도 조화롭게 잘 어우러져 평범함을 특별함으로 만들고자 하는 브랜드 철학을 담아 브랜드(메인) 컬러를 그레이 컬러(gray)로 했다. 그레이는 검은색과 흰색을 섞어서 만든 조화의 색으로 중립적이고 독립적이며 지성과 창조의 의미가 있다. 그리고 그레이는 눈에 확 띄는 컬러가 아니어서 조금 지루하고 평범해 보일 수 있지만, 어떠한 컬러에도 조화롭게 어울리며 다른 컬러를 돋보이게 한다. 이런 이유와 함께 제작하는 제품들이 주로 은(silver) 소재를 사용하기 때문에 은 본연의 컬러를 브랜드 컬러로 함으로써 자연스럽게 브랜드를 떠올릴 수 있도록 했다.

서브 컬러는 화이트와 블랙 컬러로 정했다. 자칫 어두워 보일 수 있는 그레이 컬러에 진열대, 조명, 명함 글자체는 화이트를 사용해 밝고 정돈된 느낌을 냈다. 진열대 위 철제 받침대와 테이블은 블랙을 사용해 가벼워 보일 수 있는 분위기를 개성 있고 무게 있게 잡아 주도록 했다.

인테리어는 노출 콘크리트, 디스플레이 소품은 돌(stone)을 사용해서 소재는 다르지만 톤은 그레이 컬러로 맞추어 통일감을 주었다. 그리고 중간중간 컬러풀한 원석 주얼리를 진열해 자칫 지루하다고 느껴질 수 있는 그레이 컬러에 포인트를 주었다. 또 휴지통, 청소용품, 화분 등 공방에 있는 모든 소품을 같은 컬러로 통일해 어색하게 튀는 부분이 없도록 신경 썼다. 그 결과 "준에이치 하면 떠오르는 컬러는 무엇인가?"란 질문에 주저 없이 "그레이!"라고 말하는 사람들과 함께 그레이는 준에이치 스튜디오의 시그니처 컬러가 되었다.

컬러는 단순히 개인의 취향 문제라고 생각할지도 모른다. 그러나 사람들은 시각적인 것에 제일 먼저 반응하고 그 반응이 구매로 이어지기 때문에 내 브랜드를 떠올리면 생각나는 내 브랜드만의 컬러가 꼭 필요하다. 컬러는 내가 만든 제품과 내 브랜드 이미지를 나타내 준다. 그리고 나아가 내 브랜드 가치를 높여 주는 역할을 한다. 컬러가 가지고 있는 이미지와 에너지를 이용해 내 브랜드에 어울리는 컬러를 정해 보자.

스토리가 있는 브랜드 만들기

스토리가 있는 브랜드는 사람들의 관심과 공감을 얻는다. 사람들은 무언가 흥미로운 이야깃거리에 관심을 가지고 그 이야기가 나와 공감되는 내용일 때 친밀감을 느낀다. 그리고 친밀감은 구매로 이어지는 경우가 많다. 소비자들은 내가 구매한 제품이 어떤 스토리를 가지고 만들어졌는지 궁금해한다. 그리고 스토리를 알고 난 후에는 브랜드와 제품에 대한 애정이 생겨 팬덤으로까지 이어진다. 내 브랜드만이 가질 수 있는 매력적인 스토리가 무엇이 있을지 고민해 보자.

우리가 잘 알고 있는 브랜드는 저마다 가지고 있는 스토리가 있다. 그중 대표적인 아이스크림 브랜드 '배스킨라빈스 31'의 브랜드 스토리를 살펴보자. '배스킨라빈스 31'은 버튼 배스킨(Borton Baskin)과 어니 라빈스(Ernie Robbins)가 2차 세계 대전에 참전하는 병사들에게 맛있는 아이스크림을 먹게 하자는 다짐으로 만들어진 브랜드다. 기존 아이스크림과 다르게 오직 천연 과일만을 이용해 한 달(31일) 내내 매일 새로운 맛을 선사한다는 뜻과 창업자 둘의 이름을 합쳐 '배스킨라빈스 31'이라는 이름을 만들었다. 그리고 브랜드 로고에서 '31'이라는 숫자를 눈에 띄게 배치해 강조하고자 하는 브랜드 정체성을 돋보이게 했고, 31일마다 무료로 사이즈 업 해 주는 마케팅으로 많은 사람들의 사랑을 받는 브랜드가 되었다.

다양한 주제로 스토리텔링하는 방법

인물이나 캐릭터

온라인 쇼핑몰을 준비하는 수강생 Y의 브랜드 이름은 반려견 와니(Wani)의 이름을 딴 '위드와니(with Wani)'다. '와니와 함께 보낸 즐겁고 행복했던 순간들을 주얼리에 담아 그 순간들을 선물하고 싶다'는 의미로 브랜드 이름을 정했다. 실제로 와니와 함께 산책길에서 만난 솔방울, 나뭇가지, 깃털 등을 주제로 주얼리를 제작하고, 반려견과 주인이 함께 착용할 수 있는 커플 주얼리도 제작 예정이다.

의미 있는 사건, 장소, 기억

울산에서 금속 공예 공방을 운영하고 있는 수강생 J의 공방 이름은 'room 684'다. room 684는 첫 작업실 주소로 '꿈을 향해 열심히 작업했던 그때의 기억과 초심을 잃지 말자'는 의미에서 정한 이름이다. 실제로 인테리어도 내 작업실과 같은 분위기를 줄 수 있도록 편안한 느낌으로 꾸몄고, 지금은 작업 공간뿐 아니라 주얼리 판매와 클래스까지 하는 공간으로 운영하고 있다.

브랜드 철학

온라인 쇼핑몰과 쇼룸을 운영하고 있는 수강생 S의 브랜드 이름은 '미르와(mirwa)'다. 미르와(mirwa)는 프랑스어로 거울(miroir)이라는 뜻인데, '거울을 보듯 자신의 내면과 외면을 들여다보고 자신만의 아름다움을 세상에 보여 주기를 바란다'는 브랜드 철학이 담겨 있다. 착용했을 때 가장 아름다워 보이는 주얼리 형태를 연구해서 디자인 · 제작하고 있으며 오직 한 사람을 위한 단 하나의 주얼리 '원 앤 온리(one and only)'라는 콘셉트 주얼리도 제작하고 있다.

"제품이 아닌 브랜드를 산다"라는 말이 있다. 제품보다 브랜드가 가지고 있는 가치를 중요하게 생각하고 구매하는 사람들이 그만큼 많다는 말이기도 하다. 그 브랜드의 가치는 곧 그 브랜드를 사용하는 나이기 때문에 많은 사람의 공감대를 얻은 브랜드는 오랫동안 사랑받을 수밖에 없다. 브랜드에 스토리를 잘 담아서 많은 사람들의 공감대를 얻어 오래 기억될 나만의 브랜드를 만들어 보자.

Part 4.

공방에서 만들고 판매하다

핸드메이드는 곧 웰메이드

"핸드메이드는 삐뚤빼뚤 손맛이 나야 제맛이지" 하는 시대는 지나갔다. 최근에는 공방에서 핸드메이드 제품을 만날 기회가 많아지기도 했고, 원데이 클래스나 취미 생활로 금속 공예를 하는 사람들이 많아지면서 사람들의 눈높이가 예전보다 많이 높아졌기 때문이다.

준에이치 스튜디오의 모든 제품은 내가 직접 디자인하고 제작한 후 판매하기 전 반드시 시착 과정을 거친다. 일주일 정도 직접 착용해 보면서 무게가 너무 무겁지는 않은지, 사이즈는 적당한지, 착용하고 벗을 때 불편한 점은 없는지 등을 생각하면서 보완할 부분과 수정할 부분을 체크한다. 그리고 착용감이 불편하거나 문제가 있다고 판단되는 디자인은 아무리 마음에 들어도 바로 폐기한다. 또 이렇게 보완과 수정을 거친 제품일지라도 인기가 없거나 판매가 잘되지 않는다면 손님들의 의견을 반영해 디자인을 다시 수정하기도 한다.

현재까지 사랑받고 있는 준에이치의 스테디셀러 '빈티지 플라워' 주얼리 라인은 처음에는 원석이 들어간 반지였다. 그러나 컬러감이 있는 원석 대신 실버 자체의 느낌을 살리면 빈티지한 느낌이 더 잘 표현될 뿐 아니라 의상에 구애받지 않고 자주 착용할 수 있을 것 같다는 손님들의 의견이 많

았다. 그래서 손님들의 의견을 반영해 은을 원석의 형태로 깎아 넣어서 수정했고, 그러자 반지는 정말 거짓말처럼 인기리에 판매되었다. 나중에는 귀걸이와 목걸이까지 추가 제작해서 세트로 판매했고, 10년이 지난 지금까지 제일 사랑받는 준에이치의 대표 라인이 되었다.

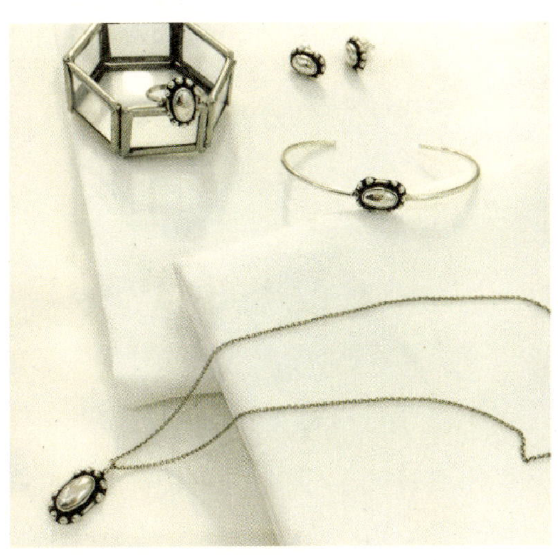

준에이치 스튜디오에서는 직접 제작한 핸드메이드 제품도 판매하지만 다른 브랜 드나 작가들이 제작한 제품을 위탁 판매하기도 한다. 위탁 판매를 몇 년 하다 보니 같은 핸드메이드 제품이더라도 브랜드마다 작가마다 차이가 있다는 것을 알게 되었다. 어떤 브랜드의 제품은 유난히 귀걸이 침이 잘 떨어지고 펜던트 고리 마감이 제대로 되어 있지 않아 A/S 요청이 많이 들어왔고, 또 어떤 브랜드의 제품은 변색이 빨라 관리가 힘들어 컴플레인이 많이 들어왔다. 그리고 보기에는 예쁘지만 착용했을 때 불편하거나 형태가 쉽게 변형되어 사람들이 점점 찾지 않게 되는 제품도 있었다.

실제로 판매를 해 보면 얼마나 잘 만들어진 제품이냐에 따라 판매량에 큰 차이가 있었다. 어떤 제품은 참 예쁘지만 초창기에 반짝 나가고는 판매량이 전무했고, 또 어떤 제품은 이렇다 할 디자인 없이 무난했지만 꾸준히 다시 찾는 사람들이 많았다. 결국 디자인이 아무리 마음에 들어도 마감이 깔끔하지 못하거나, 고장이 자주 나거나, 착용감이 불편한 제품은 손이 잘 가지 않게 되고 결국 그 브랜드의 제품은 찾지 않게 된다. 반대로 구매한 제품이 퀄리티가 좋아 만족도가 높으면 그 브랜드에 신뢰가 쌓여 재구매로 이어진다.

"제품으로 승부한다!"라는 말을 많이 들어 보았을 것이다. 굳이 홍보하려고 힘쓰지 않아도 잘 만들어진 좋은 제품은 사람들이 먼저 알고 찾기 마련이다. 그리고 브랜드에 대한 신뢰가 쌓여 사람들이 인정하는 명품이 되는 것이다. 핸드메이드라고 허술한 게 매력인 시대는 지나갔다. 많은 사람들에게 오랫동안 사랑받을 수 있는 보기에도 예쁘고 착용도 편안한 웰메이드 제품을 만들어 보자.

JUNH

내가 만든 제품 가격은 어떻게 정할까?

내가 만든 제품은 얼마에 판매하면 좋을까? 내가 오랜 시간 공들여 힘들게 만든 제품의 가치를 가격으로 책정하는 것은 어렵다. 또 한편으론 '이 정도 가격이면 판매가 잘될까?' 하면서 가격 앞에서 한없이 작아지는 나를 발견하기도 한다. 공들여 힘들게 만든 제품이라고 터무니없이 높은 가격을 책정할 수도, 많이 판매하고 싶은 마음에 이윤을 생각하지 않고 낮은 가격에 판매할 수도 없는 일이다. 내가 만든 제품을 구매하는 소비자의 입장을 고려한 합리적인 가격과 내가 만든 제품의 가치와 이윤까지 생각한 이상적인 가격 사이에서 판매 가격을 책정하기는 쉽지 않을 것이다. 하지만 제품을 잘 만드는 것 못지않게 잘 파는 것도 중요하기 때문에 제품에 맞는 가격을 잘 책정해야 한다.

가격 책정에 절대적인 기준은 없다. 다양한 가격 설정의 원리가 있고 제품 특징, 제작 방식, 공방 운영 방식에 따라서 달라지기 때문이다. 제품 패키지 퀄리티나 마케팅 비용에 따라 가격이 달라질 수도 있고, one and only 콘셉트의 개인 오더 방식으로 높은 가격대의 제품을 제작할 수도 있고, 대량 생산 시스템을 갖춰 박리다매로 이윤을 줄이고 가격대를 낮춰 판매할 수도 있다. 이렇게 가격은 여러 가지 사항을 고려해서 나와 맞는 방식으로 책정하면 되겠지만, 가격 책정하는 기본 공식을 알아 두면 조금 더 합리적인 가격을 책정하는 데 도움이 될 것이다. 다음 표를 참고해 나에게 맞는 판매가를 책정해 보자.

판매 가격 = 재료비 + 인건비 + (디자인 비용) + 이윤 + 부대 비용 + 부가 가치세

재료비	제품 1개를 만드는 데 필요한 모든 재료의 단가를 더한 값
인건비	제작에 걸리는 시간당 인건비
디자인 비용	제품의 콘셉트를 잡고 자료 조사 및 디자인을 하는 데 걸리는 노력과 시간에 대한 비용(가격 책정 포함 여부는 본인의 선택)
이윤	부대 비용을 뺀 원가에 제품별 마진율
부대 비용	임대료, 전기세, 포장, 재료 수급에 필요한 교통 및 택배비
부가 가치세	10%

재료비

보통 재료비는 1개 제품을 만드는 데 들어가는 모든 재료 단가를 알기만 하면 어렵지 않게 계산할 수 있다.

	단가	필요한 재료	재료비
은	3.75g당 4,000원	7.5g 8,000원	20,300원
체인	m당 20.000원	50cm 10,000원	
O링	개당 100원	3개 300원	
잠금 장식	개당 2,000원	1개 2,000원	

인건비

그렇다면 인건비는 어떻게 계산해야 할까? 인건비가 작품을 제작하는 데 소요된 시간에 따른 내 노동의 가치를 더해 책정된다는 것은 이미 알고 있을 것이다. 하지만 내 노동의 가치를 스스로 판단하기는 쉽지 않은 일이다. 처음 공방을 창업한 이때는 어렵게 생각하지 말고 시간당 최저 임금(2022년 기준 9,160원)으로 시작해 보는 것을 추천한다. 점차 실력이 쌓여 공방을 찾는 손님들도 많아지고, 제작하는 제품의 완성도도 높아진다면 그때 인건비를 조금씩 높여 나가면 된다.

디자인 비용

디자인 비용은 인건비와 다르게 최저 시급이라는 것이 없다. 내가 만든 제품에는 분명히 디자인을 위해 고민한 시간과 노력이 포함되어 있음에도 정해진 기준이 딱히 없어 재료비나 인건비처럼 가격 책정하기가 힘들다. 또 디자인 비용을 포함하게 되면 당연히 제품 가격도 올라가게 되는데, 소비자 입장에서는 디자인 비용보단 제품의 재료와 중량이 판매 가격에 큰 비중을 차지한다고 생각하기 때문에 가격 경쟁력에서 밀려날 수도 있다. 특히 우리나라 금속 공예 시장에서는 더욱 그렇다.

한번은 유럽 금속 공예 페어에 참가한 적이 있었는데, 그때 느낀 점은 핸드메이드 제품을 바라보는 시선 자체가 우리나라와 매우 다르다는 것이었다. 유럽의 소비자들은 핸드메이드 제품을 대할 때 제작자가 어떤 아이디어를 가지고 어떤 과정을 거쳐 제품을 완성했는지 관심이 많지만, 우리나라 소비자들은 제작 과정보다 디자인과 결과물 그리고 가격에 더 관심이 많다.

상황이 이렇다 보니 국내에서는 정말 오랜 시간에 걸쳐 힘들게 제작한 제품일지라도 제품의 소재와 중량에 비해 가격이 높다고 생각되면 비싸다고 외면당하기에 십상이다. 내가 만든 제품을 국내 시장 소비자를 대상으로 할지, 해외 시장 소비자를 대상으로 할지 혹은 가격 경쟁력에서 조금 밀리더라도 제품력으로 승부를 볼지 정한 후 나에게 더 맞는 방법으로 합리적인 가격을 책정해 보자.

이윤, 부대 비용, 부가 가치세

이윤은 20%~30% 정도로 각자가 생각하는 기준을 정해 두고 책정하는 것이 좋다. 부대 비용은 제품을 제작하기 위해 부수적으로 발생하는 비용으로 제품 제작에 필요한 재료를 수급하는 교통비, 택배비, 운반비 그리고 제품을 제작하기 위한 공간 임대료, 전기세 등을 포함한다. 부가 가치세는 내가 만든 제품이나 서비스에서 얻어지는 부가 가치에 대해 매기는 세금으로 우리나라에서는 10%의 부가 가치세를 포함하기 때문에 부가 가치세를 고려해서 가격 책정하는 것이 좋다.

한번은 공방에 자주 오는 한 손님이 만들고 싶은 반지가 있다며 원데이 클래스를 신청한 적이 있었다. 이 손님은 평소에 주얼리를 구매할 때마다 재료가 금인지 은인지, 금의 품위가 14K인지 18K인지, 중량은 어느 정도 되는지 늘 확인했고, 그날의 금 시세와 은 시세까지 꼼꼼하게 체크했다. 그러고는 "중량이 이 정도면 재료비는 얼마 안 될 텐데 왜 이렇게 가격이 비싸요?"라며 매번 가격을 깎던 분이었다.

클래스 당일, 그 손님이 만들고 싶다고 가져온 디자인은 심플한 기본 반지였다. 처음엔 간단해 보이는 디자인이라 어렵지 않다고 생각했는지 세 시간의 클래스 시간 동안 반지 두세 개 정도는 만들지 않겠냐며 의욕을 보이셨다. 그러나 은판을 톱으로 자르고, 줄질로 갈아 내고, 토치로 열을 주고, 망치로 두드리고, 땜질을 해서 틈새를 메우고, 수십 수백 번의 사포질을 하고, 마지막으로 반짝반짝 광까지 내는 긴 과정을 거쳐 간신히 반지 한 개를 완성하고 그 손님은 완전히 녹초가 되었다. 클래스가 끝나고 그 손님은 "핸드메이드 주얼리가 이렇게 힘든 과정을 거쳐 완성될 거라곤 상상도 못 했어요. 가격을 더 높게 받아야 할 것 같은데요"라고 하셨고, 그날 이후 더 이상 가격을 깎지 않았다.

재료비, 인건비, 디자인 비용, 이윤, 부대 비용, 부가 가치세까지 포함해 계산기를 잘 두드려 정확하게 가격을 책정했다 하더라도 시장에서 통용되는 가격에 맞지 않고 소비자의 눈에 합당하지 않다고 생각되는 경우에는 판매가 잘되긴 힘들다. 아무리 잘 만든 제품이라도 판매가 되지 않으면 그저 장식품에 지나지 않는다. 내가 공들여 만든 제품이 진열장에 곱게 놓인 장식품이 되기를 원하지 않는다면 시장 가격에 맞는 그리고 소비자의 입장과 내 이윤을 생각한 가격을 신중히 고민하고 책정해 보자.

더 많은 곳에서 내 제품을 만나 보자

제품을 잘 만드는 것도 중요하지만 그에 못지않게 잘 판매하는 것도 중요하다. 내 공방에서만 판매하는 것보다 오픈 마켓, 자사몰 구축, 온라인 편집숍에 입점하는 등 여러 가지 공간으로 판매 영역을 확장해 다양한 곳에서 내 제품을 판매해 보자. 판매하는 곳이 다양할수록 더 많은 소비자의 반응을 볼 수 있고 내가 만든 제품과 브랜드를 좀 더 폭넓게 홍보할 수 있다.

오픈 마켓으로 판매하기

오픈 마켓은 네이버 스마트 스토어, 쿠팡, 11번가, 옥션, 티몬, 위메프 등 여러 업체를 비교해 보고 나에게 맞는 곳을 선택하면 된다. 한 가지 알아 두어야 할 점은 오픈 마켓은 보통 수수료 외에 추가로 서버 이용료를 받고 있는데, 이 부분을 미처 챙기지 못해 나중에 매출에 문제가 생길 수 있으니 미리 잘 알아보도록 하자. 그리고 서버 이용료는 오픈 마켓 플랫폼마다 부담 비율이 다른데, 그중 네이버 스마트 스토어는 서버 이용료가 따로 없고 수수료도 다른 업체보다 저렴해서 온라인 판매를 처음 시작하기에 좋다.

네이버 스마트 스토어는 네이버가 제공하는 쇼핑몰 솔루션으로 나만의 스토어 개설부터 상품 등록까지 모든 비용이 무료다. 또 네이버 스마트 스토어는 기본 서류만 제출하면 누구나 쉽고 빠르게 스토어를 만들 수 있고 수수료도 최대 6%로 낮아 부담이 없으며 소비자가 구매 확정 버튼을 누르면 그다음 날 바로 정산이 된다는 장점이 있다. 그리고 국내를 대표하는 포털 사이트답게 쇼핑 관련 키워드를 검색했을 때 자주 검색 결과에 노출되어 비싼 광고비를 들이지 않아도 된다.

네이버 스마트 스토어를 만드는 방법은 간단하다. 스마트 스토어 센터에 접속해서 가입만 하면 바로 개설이 가능하고, 스마트 스토어 가입 시 '네이버 쇼핑 ON'과 '네이버 쇼핑 체크'를 해 두어야 네이버 쇼핑에 내 상품이 더 많이 더 자주 노출된다.

정보

네이버 스마트 스토어 가입 시 필요한 서류

① 사업자 등록증 사본 1부
② 대표자 인감 증명서(또는 대표자 본인 서명 사실 확인서) 사본 1부
③ 대표자 혹은 사업자 명의로 된 통장(또는 계좌 개설 확인서, 온라인 통장 표지) 사본 1부
④ 통신 판매업 신고 번호

자사몰로 판매하기

오픈 마켓도 분명히 장점이 많다. 그러나 오픈 마켓에서 구매한 고객 대부분은 상품을 구매한 오픈 마켓 플랫폼만 기억할 뿐 구매한 상품의 브랜드 이름은 기억하지 못한다. 예를 들면 "이 목걸이 너무 예쁘다! 어디에서 샀어?"라고 물어보면 "쿠팡의 ○○ 브랜드에서 샀어"보다 "쿠팡에서 샀어!"라는 대답을 듣게 될 가능성이 높다는 것이다. 따라서 내 브랜드를 많은 사람들에게 알리고 좀 더 전문적인 브랜드로서의 가치를 높이기 위해서는 자체적으로 쇼핑몰을 구축하는 것이 좋다.

나만의 온라인 쇼핑몰을 만들기 위해서는 온라인 쇼핑몰 개설 시스템을 제공하는 업체를 이용해야 한다. 크게 웹 문서를 만드는 데 사용하는 기본 언어 중 하나인 html을 사용해 직접 코딩하는 카페24, 고도몰, 메이크샵 등이 있고, 기본 디자인 템플릿이 제공되는 식스샵, 윅스, 이스밥, 위사 등이 있다. html을 사용하는 쇼핑몰은 원하는 대로 다양하게 디자인 구성을 할 수 있다는 점과 시스템이 빠르게 반응하고 결제 시스템이 안정적이라는 장점이 있다. 그러나 html 코딩하는 법을 알아야 해서 혼자서 하기 어렵다는 단점이 있다. 반면 기본 디자인 템플릿을 사용하는 쇼핑몰은 마음에 드는 디자인 템플릿을 골라 그 안에서 위치나 틀만 변경해서 만들면 되기 때문에 html을 모르더라도 쉽고 간편하게 만들 수 있다. 그러나 반응이 느리고 시스템이 안정화되어 있지 않다는 단점이 있다. 업체마다 시스템과 구축 비용, 수수료 등이 다르니 꼼꼼히 비교해서 나에게 맞는 곳을 찾는 것이 좋다.

온라인 편집숍에 입점하기

내가 만든 제품의 콘셉트와 잘 맞는 인지도 있는 편집숍에 입점하면 내 브랜드 홍보와 판매에 큰 도움이 된다. 대표적인 온라인 편집숍으로는 W Concept, 29CM, HAGO, 무신사, 한섬 EQL 등이 있다. 이런 편집숍은 콘셉트 있는 국내 신진 디자이너 브랜드와 해외 럭셔리 브랜드까지 다루고 있어 유니크하고 다양한 상품은 물론 패션, 라이프 스타일, 아트 상품까지 폭넓게 다루고 있어 인기가 갈수록 높아지는 추세다. 그리고 국내 유명 디자이너, 유명 연예인, 인플루언서와의 컬래버레이션과 크라우드 펀딩 등 다양한 프로젝트로 판매 수익 창출, 브랜드 홍보 그리고 내 브랜드 가치를 높일 수 있는 최적의 공간이니 입점해 보는 것을 추천한다.

편집숍에 입점하기 위해서 보통은 내가 먼저 입점하고자 하는 곳에 제안서나 메일을 보내지만, 반대로 편집숍에서 내 SNS나 홈페이지 등을 확인한 후 본인들과 콘셉트가 맞다고 생각하면 먼저 입점 제안을 하는 경우도 있다. 인지도가 있고 판매가 잘되는 곳은 경쟁이 심하고 입점이 쉽지 않으니 내가 원하는 편집숍이 있다면 입점하고자 하는 편집숍의 콘셉트로

SNS와 홈페이지를 미리 관리하면 도움이 될 것이다.

이 외에도 핸드메이드 온라인 공예 장터인 아이디어스, 주얼리 편집숍인 아몬즈에서도 판매해 볼 수 있다. 그리고 해외 판매를 염두에 두고 있다면 etsy, amazon과 같은 해외 판매 플랫폼도 알아보면 좋다. 이렇게 내가 만든 제품들을 판매할 수 있는 다양한 공간이 있으니 나에게 맞는 곳을 잘 선택해 판매는 물론 내 브랜드 홍보에도 도움이 되도록 해 보자.

공방을 벗어나 밖으로 나가 보자

"공방은 아름다운 감옥이다." 공방을 운영하는 사람들끼리 자주 하는 말이다. 아름다운 감옥에 갇혀 언제 올지도 모를 손님을 온종일 기다리는 것에 지쳤다면 과감하게 탈출해 내가 만든 제품을 구매해 줄 손님들이 가득한 곳으로 나가 보는 것은 어떨까? 공방이라는 한정된 공간에서 벗어나 스스로 움직이고 부지런히 찾아다니다 보면 더 큰 공간에서 더 많은 사람들을 만나고 내 제품과 브랜드를 홍보할 기회가 올 것이다.

위탁 판매해 보기

위탁 판매는 상품을 다른 사람이나 상점에 위탁해서 판매하고 일정 금액의 수수료를 지급하는 판매 형태다. 위탁 판매해 볼 수 있는 곳으로는 국립중앙박물관 아트숍, 국립현대미술관 아트숍, KCDF 아트숍(한국공예디자인 문화진흥원), 상상마당, 챕터원, 플라스크 등이 있다. 그리고 입점은 업체마다 다르지만 입점 신청과 공모를 통해 선정하거나 담당 MD가 직접 연락하기도 하며, 입점 수수료는 보통 30% 내외라고 보면 된다.

이 외에도 크고 작은 다양한 형태의 편집숍, 소품숍, 의류 매장 등 내가 만든 제품의 콘셉트나 분위기에 잘 어울릴 만한 곳을 평소 눈여겨보았다가 직접 컨택해서 입점하는 방법도 있다. 내 공방의 위치가 좋지 않아 유동 인구가 적어서 판매량이 저조하다면 상권이 좋고 판매가 잘되는 매장의 힘을 빌려 보는 것도 좋은 방법이다.

플리마켓에 나가 보기

처음에는 공방과 가까운 곳에서 열리는 플리마켓부터 시작해 보자. 근처의 작은 플리마켓이라도 꾸준히 참여해 사람들을 만나다 보면 내가 만든 제품을 좋아해 주는 사람이 생기게 되고 내 공방까지 방문하는 손님으로 이어질 가능성이 크다. 그렇다면 플리마켓은 어떻게 신청하고 준비하면 될까?

플리마켓 정보는 온라인이나 SNS에서 확인할 수 있다. 그중 네이버 카페 '문화상점'은 핸드메이드에 관련된 다양한 플리마켓 정보를 얻을 수 있고, 플리마켓에 참가한 셀러들의 후기도 볼 수 있어서 플리마켓에 참가할 계획이라면 미리 가입해 두는 것을 추천한다. 플리마켓 참가 신청은 주관사마다 다르지만 보통 사업자 등록증이나 브랜드 소개글, 판매 상품 리스트 정도만 있으면 어렵지 않게 신청할 수 있다. 그러나 인기 있는 플리마켓은 참가 기준이 까다롭고 기준에 통과한다고 하더라도 참가 심사에 합격해야 참여할 수 있다. 또 좋은 조건의 플리마켓일수록 빨리 신청이 마감되고 입금 순으로 자리 배치를 하는 마켓들도 있어서 되도록 빨리 신청하는 것이 유리하다. 참가비는 플리마켓에 따라 다르지만 보통 2만~5만 원 정도이고, 인기 있는 플리마켓이나 주말에 열리는 플리마켓은 참가비가 더 비싸다.

처음부터 인기 있는 플리마켓에 참가해 내 제품과 브랜드를 홍보하면 좋겠지만, 참가하지 못하게 되었다고 낙담할 필요는 없다. 플리마켓에 처음 참가해 보는 것이라면 욕심부리지 말고 작은 플리마켓부터 시작해 경험을 쌓은 후 제품이나 판매에 자신감이 생겼을 때 인기 플리마켓에 도전해도 늦지 않으니 하나씩 차근차근 시작해 보자.

자, 이제 신청이 완료되었다면 플리마켓에 나갈 준비를 해야 한다. 우선 참가할 플리마켓의 위치나 상권을 잘 살펴보고 타깃층을 예상해 보자. 예를 들면 홍대나 연남동, 대학로, 동대문 DDP, 가로수길에서 열리는 플리마켓은 20대~30대 여성이나 커플들이 많이 온다. 또 삼청동, 광화문, 남산에서 열리는 플리마켓은 30대~40대 가족 단위가 많다. 이렇게 내가 참가할 플리마켓의 위치나 상권을 알아보고 참가했던 공방들의 후기를 꼼꼼히 살펴본 후 타깃층에 맞는 제품을 고르고 가격도 정하자. 이때, 타깃층을 예상하긴 했지만 플리마켓 특성상 다양하고 많은 사람들이 방문하기 때문에 타깃층을 바탕으로 하되 다양한 제품과 가격대로 선택의 폭을 넓게 정해 두는 것이 좋다.

판매할 제품과 가격이 정해졌다면 판매할 공간을 예쁘게 꾸밀 준비를 해야 한다. 주관사마다 다르지만 보통 테이블, 의자, 파라솔 등이 지원되고, 테이블의 상태가 좋지 않은 경우가 많으니 깔끔하게 덮을 천을 준비하는 것이 좋다. 테이블이라는 작은 공간이지만 내 브랜드의 정체성을 드러낼 수 있는 브랜드 로고, 명함, 소품 등을 이용해 정성스럽게 꾸미고 제품을 돋보이게 하는 디스플레이를 한다면 매출로 연결될 것이다. 또 최대한 많이 보고 착용해 보아야 판매로 연결되기 때문에 제품을 소재별, 종류별, 콘셉트별로 최대한 눈에 잘 들어오도록 배치하고 착용한 모습을 쉽게 볼 수 있도록 군데군데 거울을 배치해야 한다. 그리고 포장을 원하는 사람들도 많으므로 포장할 수 있는 봉투나 박스, 스티커, 명함 등을 미리 준비해 두자.

플리마켓은 내가 만든 제품의 반응을 가장 빠르게 확인할 수 있는 곳이다. "너무 예쁘다", "너무 비싸다" 등 즉각적인 피드백을 받을 수 있고, 여러 사람이 제품을 착용해 보기 때문에 제품의 문제점도 바로 파악할 수 있다. 그리고 함께 참여한 다른 공방들은 어떤 제품을 팔고 가격은 어느 정도이며 판매는 어떻게 하는지 보면서 꼭 판매가 잘되지 않더라도 참여 자체만으로도 좋은 경험이 된다.

Dilmah
연희동 리마켓
7-12

판매를 부르는 디스플레이

보기 좋은 떡이 먹기도 좋다고 했다. 좋은 재료로 정성 들여 만든 맛있는 음식도 일회용 플라스틱 접시에 아무렇게나 담아 놓으면 그 음식의 가치가 떨어진다. 내가 만든 제품도 마찬가지다. 오랜 시간 공들여서 예쁘게 잘 만들었다 하더라도 눈에 띄지 않는 곳에 아무렇게나 놓아두면 아무도 그 제품에 시선을 주지 않게 되고 당연히 제품의 가치도 인정받기 어렵다. 사람들이 누군가에게 좋은 이미지로 다가가고 잘 보이기 위해 메이크업도 하고, 머리 손질도 하고, 나와 잘 어울리는 컬러의 옷도 입고 나를 최대한 돋보이게 하려고 노력하듯이 내가 만든 제품이 사람들의 주목을 받기 위해서는 시선을 끄는 디스플레이 기술이 필요하다.

오프라인 판매 디스플레이

첫 번째, 쇼윈도 디스플레이는 공방의 얼굴이기 때문에 공방을 대표하는 제품들로 눈길을 끌 수 있도록 꾸며야 한다. 쇼윈도를 지나가는 1초라는 짧은 시간에 시선을 사로잡을 무언가가 있을 때 사람들은 걸음을 멈춘다. 그런 다음 마음에 드는 제품이 있으면 매장 안까지 들어오게 된다. 그러므로 쇼윈도 제품은 최대한 시선을 끌 수 있는 공방 대표 제품들로 구성하고 계절이나 분위기에 어울리는 소품을 이용해 디스플레이해야 한다. 그리고 쇼윈도에 진열한 제품은 한 달에 한 번 정도 새로운 제품들로 교체해 주는 것이 좋은데, 같은 제품이 오랫동안 진열되어 있다면 사람들은 더 이상 쇼윈도에 관심을 가지지 않은 채 무심히 지나치기 때문이다. 쇼윈도 제품을 자주 바꿔서 판매가 잘되고 신제품이 잘 만들어지고 있다는 이미지를 주는 것이 중요하다. 매일, 매주, 혹은 한 달에 한 번 나에게 적당하다고 생각되는 기간을 정해 디스플레이를 바꾸는 것이 좋다.

준에이치 스튜디오는 매장 전면이 통유리로 되어 있고, 유리창 밖에서 매장 안이 잘 보이는 구조로 되어 있어서 쇼윈도 디스플레이에 가장 신경을 많이 썼다. 밖에서 봤을 때 제품이 잘 보이는 높이로 진열대를 제작했고, 진열대 위에 놓을 제품도 밖에서 볼 때 돋보이는 각도, 위치, 간격을 여러 번 확인한 후 진열했다.

두 번째, 손님의 시선과 동선을 고려해서 제품을 디스플레이해야 한다. 손님의 시선과 동선을 배려하지 않은 디스플레이는 아무리 잘 만들어진 제품이라 하더라도 외면당하기 쉽다. 손님이 매장 안으로 들어왔을 때 가장 먼저 보는 곳은 어디인지 확인하고, 동선에 맞는 디스플레이를 어떻게 해야 할지 고민해야 한다.

준에이치 스튜디오는 매장에 들어왔을 때 가장 먼저 눈에 보이는 곳에 대표 제품들을 배치하고 왼쪽에 진열대를 두어 자연스럽게 동선을 유도했다. 진열대는 손님들의 눈높이에 맞는 높이와 폭을 계산해서 직접 제작했고, 제품의 크기와 특징에 따라 제품을 디스플레이했다. 그리고 고개만 들면 착용한 모습을 바로 확인할 수 있도록 진열대 위에 각도를 조절한 거울을 배치했다. 제품을 구경하는 데 불편함이 없도록 손님을 생각한 디스플레이를 해서 편하게 오래 머물 수 있는 공간, 또 방문하고 싶은 공간으로 만들어 보자.

세 번째, 내가 만든 제품에 어울리는 소품을 적절히 배치해서 보는 즐거움이 있는 디스플레이를 하자. 제품에 어울리는 소품을 구매해서 배치해 보는 것도 좋지만, 내가 만든 제품을 가장 잘 아는 사람은 나인 만큼 소품을 직접 만들어 보는 것도 좋다.

준에이치 스튜디오의 디스플레이 소품은 직접 다 핸드메이드로 제작했다. 제품이 가장 돋보일 수 있는 모양으로 거치대를 직접 만들어서 반지와 귀걸이를 걸었고, 인테리어로 사용되고 남은 콘크리트와 돌을 이용해 디스플레이 소품을 만들었으며, 바닥재로 쓰고 남은 현무암을 조각조각 잘라서 진열대 위에 주얼리를 올려놓을 수 있는 디스플레이 판으로 만들었다. 그리고 명함이나 작은 장신구를 올려놓을 수 있는 소품은 시멘트로 제작해서 소품 컬러를 맞췄는데, 시멘트는 저렴하기도 하고 물과 비율만 잘 섞어 굳히면 원하는 형태의 소품을 쉽게 만들 수 있는 좋은 재료다. 이렇게 큰 비용을 들이지 않아도 나만의 스타일이 묻어난 인테리어와 디스플레이는 내 공간을 더욱 특색 있고 멋있게 만들어 줄 것이다.

마지막은 디스플레이에 조명을 이용하는 것이다. 제품의 디스플레이 못지않게 중요한 것은 내 제품을 돋보이게 해 주는 조명이다. 마치 정육점에서 고기 신선도가 좋아 보이도록 빨간 조명을 쓰는 것처럼 말이다.

백열등이나 할로겐 조명은 따뜻한 느낌을 주어서 제품을 착용한 사람이 더 예뻐 보이게 하는 마법 같은 힘이 있다. 조명의 각도는 직접적으로 제품 위에 쏘아 그림자가 생기게 하는 것보다 35도가 가장 예뻐 보이는 각도이니 기억해 두자. 제품을 착용했을 때 예뻐 보여야 구매하게 되는 것은 너무나도 당연한 일이니까 말이다. 조명은 단지 어두운 매장을 밝게 해 주는 역할 이상의 효과가 있다. 조명에도 컬러와 분위기가 있어 내 제품에 잘 맞는 조명을 선택해서 제품을 돋보이게 하는 것은 물론이고 사람들의 감성을 자극해 보자.

온라인 판매 디스플레이

디스플레이는 오프라인 판매에만 그치지 않는다. 온라인 판매에서도 제품 디스플레이는 중요하다. 쇼핑몰 메인 화면 이미지는 그 브랜드를 대표하는 얼굴이기 때문에 브랜드 대표 제품들로 구성하는 것이 좋다. 쇼핑몰 메인 화면은 오프라인 쇼윈도와 같이 머무는 시간이 단 몇 초로 매우 짧다. 그 짧은 시간 안에 승부를 보아야 한다.

준에이치 정규반 수강생 중 네이버 스마트 스토어로 물건을 판매하는 분이 있었는데 어느 날은 어두운 얼굴로 상담을 요청했다. 직접 만든 주얼리와 사입한 주얼리로 주얼리 쇼핑몰을 1년째 운영하고 있는데 판매가 너무 안 돼서 접어야 하나 고민 중이라고 했다. 고민을 듣고 사이트에 들어가 메인 화면을 본 순간 깜짝 놀라지 않을 수 없었다. 20대를 겨냥한 아기자기한 주얼리들 사이에 게르마늄 팔찌와 옥으로 만든 건강 팔찌들이 떡하니 자리 잡고 있었다. "이 주얼리들은 도대체 왜 여기 있는 거죠?"라고 물으니 부모님이 운영하시는 건강용품점의 주얼리들을 같이 판매하려고 올려둔 것이라고 했다.

당장 메인 화면 디스플레이를 바꾸고 게르마늄 팔찌, 옥 팔찌들을 다 뺄 것을 권유, 아니 강하게 말했다. 그리고 부모님 가게의 건강 팔찌들을 꼭 판매해야 한다면 5월 어버이날을 겨냥해 기획 상품으로 따로 섹션을 만들어 판매하는 것이 좋겠다고 제안했다. 그날 이후 게르마늄 팔찌와 옥 팔찌들은 속 시원히 사라졌고, 쇼핑몰 콘셉트에 맞는 예쁜 주얼리들이 메인 화면에 보기 좋게 디스플레이되었다. 그리고 얼마 지나지 않아 밝은 얼굴로 "선생님, 매출이 지난달보다 많이 올랐어요!"라며 기뻐하는 수강생의 모습을 볼 수 있었다.

오프라인이든 온라인이든 콘셉트와 분위기에 맞는 디스플레이는 내가 만든 제품을 더 돋보이게 하는 것을 넘어 판매로 이어진다. 그리고 내 공방을 다른 곳과 차별화되게 만들어 기억에 남는 공간으로 만들어 준다. 내 취향대로만 꾸며 놓은 공간보다 손님의 시선으로 바라보고 배려하는 마음이 담긴 정성스러운 디스플레이는 사람들이 자주 오고 싶은, 머물고 싶은 공간이 될 것이다. 또 공간에 머무는 사람들이 늘어 갈수록 내 제품을 구매하고 사랑해 주는 사람도 함께 늘어 갈 것이다.

디자인 등록은 필수인가?

'내가 디자인하고 만든 제품을 누가 도용하면 어떻게 하지?' 그리고 '내 디자인을 도용했다면 대처는 어떻게 해야 하지?'라는 고민은 공방을 운영하는 사람뿐만 아니라 핸드메이드 제작자라면 누구나 해 보았을 것이다. 실제로 주변에서 디자인 도용 문제로 얼굴을 붉히며 법률 공방을 벌이는 핸드메이드 제작자들을 어렵지 않게 볼 수 있다. 이러한 디자인 분쟁에 휘말리지 않으려면, 또 내가 만든 제품의 디자인을 보호받고 싶다면 디자인 특허 등록을 하는 것이 좋다.

디자인 등록은 꼭 해야만 하는 것일까?

디자인 등록은 절차가 복잡하고 오랜 기간이 소요된다. 출원부터 등록까지 1년 이상의 시간이 소요되기 때문에 등록 전까지 내 디자인을 공개하지 못하거나 또 공개해서 판매하더라도 등록이 확정되기 전까지는 법적으로 보호받기 힘들다. 우리나라는 '선출원주의'를 채택하고 있어 먼저 디자인하고 제작한 사람에게 권리가 주어지는 것이 아닌 디자인 특허를 먼저 한 사람에게 권리가 주어지기 때문이다. 또 디자인 등록의 권리 범위가 좁아서 디자인이 조금만 변경되어도 비 유사한 것으로 판단되기 때문에 내 디자인에 대한 권리를 완전히 보호받기는 사실상 어렵다. 이런 여러 가지 이유로 디자인을 등록해야 할지 말아야 할지 망설이게 된다. 내가 만든 제품의 성격과 내 상황에 맞는 여러 가지 사항들을 고려한 후 디자인 등록 여부를 결정해 보자.

준에이치 스튜디오에서 만드는 핸드메이드 주얼리는 패션 트렌드에 따라 빠르게 변하고, 계절에 맞춰 디자인하고 판매해야 하는 특성이 있어서 디자인 출원부터 심사, 등록까지 소요되는 오랜 시간을 기다리는 것이 힘들다. 그리고 디자인 등록 비용 문제도 무시할 수 없다. 트렌드에 따라, 시즌에 따라 다양한 제품들을 디자인하고 제작하므로 만드는 제품마다 일일이 등록 비용을 지불하다 보면 제품의 판매 가격도 자연히 올라갈 수밖에 없어서 지금까지는 디자인 등록을 하지 않았다. 하지만 오랜 시간을 기다려 디자인 등록을 할 만한 가치가 있는 특수성이 있는 제품이거나 나만의 노하우가 들어가 있는 특별한 방법으로 제작한 제품이라면 디자인 등록을 해 두는 것이 좋다. 또 나를 신경 쓰이게 하는 유사 제품이나 브랜드가 있다면 디자인 등록을 통해 혹시 모를 사태를 대비해 두는 것이 좋다.

디자인 일부심사와 우선심사를 이용해 기간을 단축해 보자

'디자인 일부심사'란 디자인 유행성이 강하고 라이프 사이클이 짧은 일부 품목의 디자인 출원에 대하여 '일정 요건'만 심사해 최대한 빨리 권리를 부여하는 제도로, 디자인 등록에 소요되는 긴 시간으로 효율성이 떨어지는 문제점들을 보완하려고 만든 것이다. 디자인 일부심사 출원 대상 제품은 1류(식품), 2류(의류 및 패션 잡화용품), 3류(가방 등 신변품), 5류(섬유제품, 인조 및 천연 시트 직물류), 9류(포장 용기), 19류(문방구, 사무용품, 미술 재료, 교재)이고, 2020년 12월 1일부터는 대상 제품에 11류(보석 · 장신구)가 추가되면서 빠른 출원이 가능하다고 한다. 디자인 출원 서류에 문제가 없다면 디자인 출원일로부터 10일 이내 등록이 가능하고, 1년이 넘는 기존의 심사 기간을 약 2개월~3개월 정도로 단축할 수 있다.

'디자인 우선심사'는 일정한 요건을 갖춘 디자인을 다른 출원품보다 '우선적'으로 심사해 주는 제도다. 일부심사 출원 대상에 포함되지 않는 제품이어서 출원부터 등록까지 소요되는 약 1년이라는 오랜 기간을 기다리기 힘들거나 빠른 출원을 원할 경우에 우선심사 제도를 이용하면 된다. 우선심사를 이용하면 등록까지 최대 4개월 안팎으로 시간을 많이 단축시킬 수 있다. 그러나 일정 조건을 충족해야 하기 때문에 우선심사를 고려하고 있다면 조건을 먼저 확인해 보는 것이 좋다. 우선심사 제도를 신청하기 위한 조건은 특허청 홈페이지에서 확인이 가능하다.

디자인 등록 절차와 방법

디자인 등록은 특허로(www.patent.go.kr)에서 직접 하는 방법과 특허 사무실이나 변리사를 통한 방법이 있다. 물론 직접 하는 것이 전문가를 통해 하는 것보다 비용적인 측면에서는 유리할 것이다. 그러나 디자인 등록은 혼자 하기에는 조금 어려울 수 있다. 신청 전 내가 만든 디자인이 법적으로 등록 가능한지 확인하는 사전 검토 작업, 디자인 도면과 서류 준비 그리고 심사 후 거절되었을 경우와 등록 후 문제가 생겼을 경우를 대비해서 전문가에게 의뢰해 안전하고 확실하게 진행하는 것을 추천한다.

디자인 검색(사전 조사)

디자인 등록을 하기 전에 우선 내가 만든 제품의 디자인이 등록 가능한지 확인해야 한다. 등록된 유사 디자인은 없는지, 특허청에 출원 등록되어 있지는 않은지 알아보자. 이미 등록된 디자인은 특허청 정보 검색 서비스 사이트 키프리스(www.kipris.or.kr)에서 디자인 검색을 통해 확인 가능하며, 특허청에 출원 등록된 디자인은 특허청 디자인 전용 검색 사이트인 디자인 맵(www. designmap.or.kr)에서 검색할 수 있다.

출원

디자인 등록에 문제가 없는 것을 확인했다면 출원을 준비하면 된다. 출원은 온라인으로 제출하는 방법과 직접 제출하는 방법이 있다. 온라인 디자인 등록 출원은 특허로(www.patent.go.kr)에서 할 수 있다. 사용자 고유 번호를 발급받은 다음 공인인증서 등록 후 디자인 등록 출원서를 작성하면 된다. 그리고 디자인을 출원하기 위해서는 출원 서류와 함께 완성된 디자인의 도면과 설명서가 필요하다. 도면은 해당 디자인의 전체적인 형태가 명확하게 파악될 수 있도록 준비하는 것이 좋고, 디자인 출원 진행 후 심사 기간 동안은 수정이 어렵기 때문에 정확히 작성해야 한다.

심사

출원이 완료되면 심사 단계로 넘어가게 된다. 출원한 디자인이 등록 요건을 만족하는지 확인하는 과정으로, 출원 디자인과 동일하거나 유사한 디자인이 이미 존재하는지, 누구나 쉽게 만들 수 있는 디자인이 아닌 창작성이 있는 디자인인지, 출원 디자인이 대량 생산이 가능한 디자인인지에 대해 심사한다. 즉, 신규성, 창작성, 공업적으로 이용 가능성 등의 요건에 대해 심사하는 것이다. 심사를 거쳐 등록 요건이 불충분할 경우 심사가 거절될 수 있으며 의견 제출 통지서에 거절 이유를 확인한 후 거절 이유가 적절하지 않다고 판단되면 부족한 부분을 보완해서 재심사를 받을 수도 있다.

등록

출원한 후 심사를 거쳐 디자인 등록 요건이 충족되었고 거절 이유가 없다면 특허청에서는 등록 결정서를 발행한다. 등록 결정서를 받은 후 3개월 이내에 등록료와 수수료를 납부하면 디자인 등록증을 받게 되며 출원일로부터 20년 동안 내 디자인에 대한 권리를 행사할 수 있게 된다.

진상손님을
진성손님으로 만들기

10년 동안 공방을 운영하면서 참 많은 손님을 만났다. 공방을 운영하다 보면 피할 수 없는 운명 같은 만남이 진상손님과의 만남이라고 한다. 그러나 우리 공방에는 진상손님이 없다. 믿기 어렵겠지만 사실이다. 이유가 대체 무엇일까? 내가 운이 좋아서 진상손님들이 운명처럼 비켜 간 것일까? '님'이라는 글자에 점 하나만 찍으면 '남'이 된다는 노래 가사처럼 진상과 진성도 점 하나의 차이이다. 생각의 관점을 바꾼다면 진상이 진성이 될 수도 있다. 손님의 마음을 헤아리기보다 내 기준에서만 판단하고 진상으로 몰아간 것은 아닌지 한번 생각해 보자.

준에이치 스튜디오에서는 여름과 겨울, 일 년에 두 번 재고 제품과 샘플로 제작한 제품을 원가 이하에 판매한다. 원가 이하로 판매한 주얼리는 환불과 교환이 되지 않고 수리를 할 때 수리비가 청구된다. 한번은 샘플 목걸이를 구매한 손님이 있었는데 구매할 때 규정을 상세히 설명해 드렸지만, 다음 날 그 손님은 제품이 마음에 들지 않는다며 교환을 하러 왔다. 마음에 들지 않는 이유와 교환할 수밖에 없는 이유를 너무도 상세하게 오랫동안 설명하셨고, 결국 다른 제품으로 교환해 드리기로 했다.

일주일 후 그 손님이 다시 방문했다. 이번에는 그때 교환한 목걸이가 길이가 너무 긴 것 같으니 조금 짧게 수정해 달라고 하셨다. 체인을 짧게 수정하는 것은 어려운 일이 아니었고 특별히 추가 비용이 드는 것도 아니라서 바로 수정해 드렸다. 그러나 그게 끝이 아니었다. 또다시 일주일 후 공방 문을 열고 들어오시며 "그냥 둘걸 그랬어요. 원래 길이대로 다시 늘려 주세요"라는 말을 듣는 순간 '이게 바로 그 운명 같은 만남인가?' 하는 생각이 스쳐 갔다. 길이는 줄이기 쉽지만 늘리는 것은 필요한 길이만큼 다시 제작해야 해서 비용이 추가된다고 말씀드리니 "원래 있던 대로 다시 만드는 것인데 왜 비용이 드나요? 그냥 해 주세요"라고 하셨다. 결국 나는 샘플로 제작한 주얼리를 팔고 주문 제작으로 다시 만드는 일을 하게 되었다. 그것도 무료로!

이게 끝이었으면 이 이야기는 시작도 하지 않았을 것이다. 그 손님은 매주 공방으로 출근 도장을 찍었다. 어느 날은 목걸이 색깔이 어두워진 것 같다고 세척해 달라고 하시고, 또 어느 날은 목걸이 고리가 벌어진 것 같아 불안하다고 손봐달라고 하셨다. 그런데 그렇게 자주 보다 보니 어느새 정이 들었고 오실 때마다 미안하셨는지 밥은 먹었냐고 하시며 먹을 것을 챙겨다 주시기도 하고, 마트를 다녀온 날에는 장바구니에서 음료수나 휴지, 손 세정제 등 생필품을 꺼내어 나눠 주시곤 했다. 그러다 하루는 우연히 출근길에 그 손님을 만나게 되었다. 나를 보자마자 외투 속 목걸이를 보여 주시며 하루도 빼지 않고 너무 잘 하고 다닌다며 고맙다고 하셨다. 이번에는 내가 먼저 말씀드렸다. "색이 좀 변한 것 같은데요. 세척해야 할 것 같아요. 공방에 한번 들르세요." 마음에 드는 주얼리를 잘 관리해서 오래오래 사용하고 싶은 손님의 마음을 헤아리니 손님도 그 마음을 알아주고 고마워해 주셨다.

환불 및 교환, AS는 문제가 생기지 않도록 보증서나 약관으로 잘 명시해 두는 것이 좋다. 그러나 사람과의 관계에서 예외는 있을 수 있다. 규정은 있지만 손님을 이해하는 마음과 배려하고 있다는 마음이 전해질 때 손님은 진성손님, 단골손님이 된다. 손님을 이길 것인가 손님의 마음을 얻을 것인가? 손님의 마음을 얻기 위해서는 손님이 원하는 것이 무엇인지 생각해 보아야 한다. 사람들은 보통 원하는 것을 얻지 못했을 때 기분이 나빠지고 불만이 생기기 마련이다. 불만을 표출했는데도 변하는 것이 없고 무시당했다고 느껴질 때 그다음 단계는 진상손님으로의 변신이다. 혹시 내가 진상손님으로 만든 것은 아닌지, 손님이 정말 원하는 것은 무엇인지 생각해 보자.

한번은 이런 일도 있었다. 어느 날 단아한 외모의 20대 중반 여자 손님이 매장으로 들어왔다. 아나운서 면접에 착용할 깔끔한 느낌의 진주 귀걸이를 찾고 있다고 하셨다. 그런데 그 손님이 원하는 느낌의 진주 귀걸이는 매장에 없었다. 당장 내일이 면접이라 빨리 제작해서 오늘 저녁까지 완성해 달라고 하셨다. 하지만 진주가 없어 당장 제작이 힘들고 진주를 구하려면 시간이 필요하다고 하니 그럼 자기는 어떻게 하냐며 발을 동동 구르며 다른 방법이 없을지 물어보셨다. 다급한 마음에 주위에 진주 귀걸이가 있을 만한 매장을 검색해 알려 드렸고, 손님은 황급히 다른 매장으로 떠났다.

몇 시간 후 그 손님이 다시 방문했다. "다른 곳에도 제가 찾는 진주 귀걸이는 없었어요. 그런데 그냥 없다고만 하고 사장님처럼 같이 걱정해 주지도 해결책을 찾아 주지도 않더라고요. 그래서 여기 다시 왔어요"라고 하시며 아까는 정말 미안했다며 사과하셨다. 그리고 꼭 진주 귀걸이가 아니어도 좋으니 내일 면접에 어울리는 귀걸이를 추천해 달라고 하셨다. 손님이 들고 온 사진 속 면접 의상에 어울릴 만한 깔끔한 디자인의 화이트 오팔 귀걸이를 추천해 드렸고, 마침 오팔은 그 손님의 탄생석이었다. "탄생석을 지니고 있으면 행운이 온대요. 내일 꼭 합격하는 행운이 올 거예요. 파이팅!" 그 후 그 손님은 비록 아나운서 시험에는 낙방했지만 단골이 되었고 약속이 있을 때마다 친구들과 공방에 들러 쇼핑을 한 아름씩하고 가셨다.

만약 나도 다른 곳처럼 손님이 찾는 진주 귀걸이는 없다고만 했다면, 이 손님은 다시 돌아와서 귀걸이를 구매하고 단골손님이 될 수 있었을까. 손님의 상황을 함께 걱정해 주고 진심으로 이해해 주니 그냥 지나가는 손님일 수도 있었던 인연이 단골손님으로 이어졌다.

손님은 나를 귀찮게 하고 힘들게 하는 사람들이 아닌 내가 만든 제품에 대해 피드백도 해 주고 더 나은 내가 되도록 자극해 주는 고마운 사람들이다. 내가 정성 들여 만든 제품에 관심을 보이고 공방을 방문해 준 것에 고마움을 표현한다면 손님들도 그 마음을 느끼게 된다.

Part 5.

공방에서 수강생을 가르치다

나의
첫 수강생

지금은 작가라는 호칭보다 선생님이라는 호칭을 자주 듣는 공방 선생님이지만, 작가라는 호칭으로 더 많이 불리던 시절이 있었다. 누군가를 가르친다는 것은 단 한 번도 상상해 보지 않았다. 그래서 당연히 첫 공방도 클래스를 위한 공간이 아닌 작업을 하기 위한 공간이었다. 그랬던 내가 공방 선생님이 된 계기는 10년 전 어느 초등학교 5학년 학생과의 만남부터였다.

어느 날 주얼리 주문 제작을 의뢰하러 공방에 온 한 손님이 "우리 딸이 초등학교 5학년인데 금속 공예를 좀 배울 수 있을까요?"라고 물었다. 금속 공예는 톱이나 망치, 불을 사용하기 때문에 초등학생이 배우기엔 너무 위험하기도 하고, 또 누군가를 가르친다는 것은 한 번도 생각해 본 적이 없어 힘들 것 같다고 거절했다. 그러나 그 손님은 공방에 오실 때마다 딸 이야기를 꺼내며 부탁하셨고 매번 거절하기가 힘들어 결국 그렇게 하겠다고 했다. 솔직히 처음에는 '조금 배우다가 힘들어서 포기하겠지…' 하는 마음으로 시작했다. 금속을 톱으로 자르고 망치질을 한다는 것이 힘 좋은 성인에게도 힘든 일이라 잘할 거라는 기대는 없었고, 혹시 다치지는 않을지 내심 걱정이 되었다.

금속 공예의 제일 기초인 톱질부터 시작하기로 했다. 그런데 이게 웬일인가! 직선과 곡선, 방향 전환 연습까지 끝내고 금속을 하트 형태로 톱질해 목걸이 펜던트까지 뚝딱 만들어 내는 것이 아닌가. 시작과 동시에 힘들어서 못 하겠다고 포기할 거라는 나의 예상은 보기 좋게 빗나갔다. 그 후 꼬마 수강생은 한 주도 거르지 않고 공방으로 출석했고, 나는 설레는 마음으로 매주 토요일 12시를 기다리게 되었다. 오늘은 무얼 가르쳐 줄까? 또 무얼 만들까? 하며 즐거운 고민을 했고, 꼬마 수강생은 작고 야무진 손으로 기발하고 재미있는 것들을 만들어 냈다. 금속에 홈을 내어 각을 접는 각 접기 기법을 이용한 귀여운 금속 주사위를 만드는가 하면 고양이를 좋아하는 언니를 위해 톱질로 고양이 모양을 따낸 탁상시계도 만들었다. 고양이 목에는 귀여운 방울도 달아 주었다.

그렇게 꼬마 수강생을 시작으로 수강생이 하나둘씩 늘어 가기 시작했다. 동네를 오가며 인사하던 동네 주민들 그리고 주얼리를 구매하러 오던 단골손님들이 어느새 수강생이 되었다. 공방의 작업 책상은 늘어 갔고 나는 점점 선생님이라는 호칭으로 불리는 시간이 많아졌다. 그리고 그 꼬마 수강생은 중학생이 되면서 발길이 뜸해졌고, 나 역시 바쁜 일상에 그 꼬마 수강생이 조금씩 잊혀졌다.

얼마 전 쇼룸에 손님이 와서 작업하다가 뒤돌아보니 어디서 많이 본 얼굴이었다. “선생님!” 하고 부르는 순간 너무 놀라 자세히 얼굴을 다시 들여다보니 그 꼬마 수강생이었다. 키가 훌쩍 커서 첫눈에 알아보긴 힘들었지만 장난기 있는 얼굴은 예전 그대로였다. 이제 곧 대학생이 된다고 했다. 기쁘고 반가운 마음에 대학생이 되면 예쁘게 하고 다니라고 내가 만든 목걸이를 선물했다.

나의 첫 수강생, 그 꼬마 수강생이 없었다면 지금의 내가 있었을까? 그리고 준에이치 스튜디오가 이렇게 성장할 수 있었을까? 가르치는 것에는 취미도 소질도 없던 내가 누군가에게 내가 가진 지식을 나누고 함께 성장한다는 것이 보람 있고 즐거운 일이라는 것을 알게 해 준 나의 첫 수강생에게 정말 고맙다는 말을 전하고 싶다.

수강생을 끌어당기는 커리큘럼 만들기

10년 전 처음 공방을 오픈했던 때와는 달리 요즘은 주위에서 판매와 클래스를 함께 운영하는 공방을 어렵지 않게 볼 수 있다. 그만큼 수요가 많아졌다는 의미도 될 수 있지만, 공방을 운영하는 처지에서는 경쟁 상대가 많아졌다고도 볼 수 있다. 클래스를 운영하는 공방이 많아짐에 따라 수강을 원하는 사람들의 선택폭은 넓어졌고 그만큼 비교 대상도 많아졌다. 여러 공방에서 원데이 클래스나 다양한 클래스를 이미 경험해 본 사람들은 매의 눈으로 자신에게 맞는 공방 분위기나 커리큘럼, 가격 등을 꼼꼼하게 비교한 후 공방을 선택한다. 다른 공방과의 비교에서 살아남기 위해서는 내 공방만의 특별한 커리큘럼을 통한 차별화가 필요하다.

클래스 성격에 맞는 커리큘럼

커리큘럼을 만드는 데 대단하고 특별한 방법이 있는 것은 아니다. 내가 자신 있게 잘할 수 있는 것 그리고 내가 좋아하는 것을 담은 내 공방만의 색깔이 담긴 커리큘럼이면 된다. 내 공방에 맞는 커리큘럼을 만들기 위해서는 먼저 어떤 클래스를 어떤 방법으로 진행할 것인가를 결정해야 한다. 원데이 클래스인지, 취미 클래스인지, 정규 클래스인지, 창업 클래스인지 클래스의 성격에 따라 그에 맞는 커리큘럼을 만드는 것이 좋다.

원데이 클래스

원데이 클래스는 체계적인 커리큘럼보다 공방 분위기를 느끼고 싶거나 배우고 싶은 것을 미리 체험해 보고 싶은 사람들이 일회성 목적으로 많이 온다. 그러니 내 공방 성격이 가장 잘 드러나는 작품으로 구성하고, 정해진 시간 안에 완성이 가능한 디자인으로 샘플을 제작해서 블로그나 SNS에 올려 두면 좋다. 수강 상담 시, 샘플 사진을 보고 문의하거나 수강을 결정하는 경우가 많아 수강생들이 디자인을 고민하는 시간을 절약할 수 있을 뿐 아니라 샘플을 제작해 두었기 때문에 재료도 미리 준비할 수 있다.

원데이 클래스 중 커플 클래스는 기념일이나 둘만의 추억을 만들기 위해 오는 경우가 많아서 복잡한 디자인보다 재미있게 만들 수 있는 커플 목걸이나 반지 등 커플 아이템으로 커리큘럼을 구성하는 것이 좋다. 그리고 다른 수강생들과 함께 클래스를 하는 것보다 프라이빗하게 따로 진행하고 기념사진이나 각인 문구 서비스를 통해 만족도를 높이는 것이 좋다.

취미 클래스

취미 클래스는 취미를 목적으로 오는 사람들이 많기 때문에 공방의 정해진 커리큘럼을 고집하는 것보다 자유롭게 만들고 싶은 주얼리를 직접 디자인하고 만들 수 있도록 디자인 위주로 커리큘럼 짜는 것을 추천한다. 그러나 취미로 시작했지만 흥미를 느껴 전문가 과정이나 창업 과정으로 발전시킬 가능성이 있기 때문에 디자인 위주의 수업이라도 공구 다루는 방법과 기초 기법 수업으로 기초를 튼튼히 할 수 있는 커리큘럼은 제대로 만들어 두는 것이 좋다.

정규 클래스

정규 클래스는 다른 공방의 커리큘럼을 따라 하기보다 내가 자신 있게 잘 가르칠 수 있는 기법 위주로 커리큘럼을 구성해야 한다. 내가 잘 모르는 것을 가르치려고 하면 가르치는 사람이나 배우는 사람 모두 힘들어진다. 잘나가는 공방에서 많이 사용하는 금속 공예 기법이나 디자인이라고 무작정 따라 하지 말고, 내 공방에서만 배울 수 있는 기법 그리고 내가 잘할 수 있는 디자인 위주로 커리큘럼을 차별화하면 좋다.

창업 클래스

창업 클래스는 신중히 고민한 후 결정하는 것이 좋다. 공방을 오픈한 지 얼마 되지 않아 경험과 노하우가 많지 않은 상태에서 창업 과정 문의가 많다는 이유로 창업 클래스를 개설하는 것은 위험한 일이다. 공방을 오픈하고 운영 · 판매 · 클래스를 하다 보면 경험이 쌓이게 되고, 자연스럽게 공방 운영 노하우도 생길 것이다. 그때 창업 클래스를 개설해도 늦지 않다.

구체적이고 세분화된 커리큘럼

수강생들에게 많은 공방 중 준에이치 스튜디오를 선택한 이유를 물으면 대부분 다른 공방과 차별화된 세세하고 전문적인 커리큘럼 때문이었다고 대답한다. 하지만 준에이치 스튜디오도 처음부터 커리큘럼이 세분되어 있었던 것은 아니다. 공방이라는 공간은 자기가 좋아하는 것을 만들며 취미활동을 통해 힐링하는 공간이라고 생각했기 때문에 그에 맞는 자유로운 커리큘럼으로 클래스를 진행했었다. 그러나 클래스를 오래 진행하다 보니 생각이 바뀌기 시작했다. 취미로 가볍게 배우더라도 제대로 배우는 것이 중요하다는 생각이 들었다. 그리고 점차 취미를 넘어서 전문적으로 배우고 싶어 하는 수강생과 창업까지 생각하는 수강생이 생겨나면서 그에 맞는 커리큘럼이 필요했다.

처음 배우는 사람들이 기초부터 창업까지 한곳에서 체계적으로 배울 수 있도록 커리큘럼을 짜고 과정에 맞는 교재도 직접 제작했다. 그리고 클래스 기간을 여름 방학인 7월과 겨울 방학인 12월을 기준으로 1학기(1월~7월)와 2학기(8월~12월)로 나누었다. 공방이지만 전문적인 배움의 공간처럼 느껴지게 하고 싶어서 각 과정이 끝나면 수료증도 발급했다. 준에이치 스튜디오의 기초 클래스부터 창업 클래스까지 모든 과정을 수료하는 데는 2년이라는 긴 시간이 걸린다. 전문학교를 방불케 하는 오랜 기간임에도 불구하고 잘 짜인 커리큘럼 덕분인지 기초 클래스부터 창업 클래스까지 차근차근 오랜 시간을 수강해 수료증을 받고 졸업하는 분들이 생각보다 많다.

〈준에이치 스튜디오 커리큘럼〉

목적	기법	기간	난이도
원데이 클래스	금속 세공	1일 3시간	누구나
취미 클래스 정규 클래스	금속 세공	기본 과정 3개월 중급 과정 4개월 고급 과정 5개월 응용 과정 3개월	초급~고급 (처음 배우는 분들은 기본 과정부터, 경험자는 원하는 과정 선택 가능)
	왁스 카빙	3개월 과정	기본 과정 이상
창업 클래스	스톤 세팅 & 인그레이빙◆	3개월 과정	중급 과정 이상

나만의 공방 교재 만들기

연구에 연구를 거듭해 만든 커리큘럼과 함께 그에 맞는 교재도 수강생들의 만족도를 높이는 데 한몫했다. 대부분 손으로 만드는 공예가 그렇듯 만드는 과정과 기술에 집중해야 하므로 작품을 만들기 위해 기본이 되는 이론과 지식을 등한시하는 경우가 많다. 그러나 기본적인 이론이 뒷받침되어야만 원리를 이해하고 스스로 응용할 수 있는 능력이 생긴다. 무슨 일이든 기초를 탄탄하게 해 두면 처음에는 배우는 속도가 조금 더딘 것 같지만 점점 빠르게 실력이 향상되는 경험을 하게 된다.

◆ 금속판에 그레이버로 직접 선을 새겨 넣어 제판한 다음에 인쇄하는 동판화 기법이다.

금속 공예 기법에 관한 책은 많지 않고 대부분 원서로 되어 있다. 또 모든 기법이 한 권에 잘 정리된 책을 찾기 어렵다. 그래서 가지고 있는 책을 모두 꺼내 분류하고 정리하기 시작했다. 영어로 길고 복잡하게 설명되어 있어 이해하기 어려운 용어들은 쉽고 간단한 명칭을 만들어 붙여 주었다. 그렇게 내가 만든 기법의 명칭이 지금은 다른 여러 공방에서도 흔히 쓰이는 걸 발견할 때마다 신기하고 뿌듯하기도 하다. 준에이치 스튜디오 교재에는 내가 직접 기법별로 정리한 커리큘럼과 기초 이론 그리고 재료 구매처와 구매 방법 등 금속 공예를 배우기 위해 필요한 모든 정보가 담겨 있다.

수강생을 끌어당기는 마법 같은 커리큘럼이 따로 존재하는 것은 아니다. 반드시 커리큘럼이 있어야만 하는 것도 물론 아니다. 빡빡하게 짜인 커리큘럼보다 공방의 스타일에 맞게 자유롭게 원하는 대로 할 수 있는 클래스를 좋아하는 수강생들도 있다. 그러나 다른 공방과 차별화된 내 공방만의 특색이 있는 커리큘럼, 체계적으로 잘 짜인 커리큘럼은 수강생들이 공방을 선택하는 데 큰 요소로 작용한다. 그리고 가르치는 사람이나 배우는 사람도 원하는 목적에 맞게 좀 더 체계적으로 꼼꼼히 가르치고 또 배울 수 있다는 장점이 있어 내 공방에 맞는 커리큘럼을 꼭 만들어 보길 바란다.

클래스 운영에도 원칙이 필요하다

공방은 자유롭고 창의적인 작품을 만드는 공간이라고 생각해서인지 너무나 자유분방한 수강생들이 종종 있다. 이런 수강생들이 공방의 분위기를 흐리지 않도록 체계적인 운영 시스템과 원칙을 만들어 두어야 한다. 물론 수강생들의 개인적인 사정을 세심하게 배려해 주면 좋겠지만 배려는 주는 사람은 힘들지만 받는 사람은 참 당연하고 쉬운 법이다. 오랜 시간 함께 클래스를 해야 하는 수강생들과 얼굴 붉히지 않고 좋은 관계를 유지하기 위해서는 내 공방만의 운영 원칙이 꼭 필요하다.

클래스 출석, 결석, 변경 원칙

보통 공방 클래스는 수강생마다 능력과 진도가 달라 같은 공간에서 같은 내용으로 수업하지만 일대일 방식으로 진행된다. 그래서 나 하나 빠진다고 클래스 진도에 차질이 생기거나 문제가 되는 일이 없다고 생각해 클래스 시간을 본인의 일정에 맞춰 자유롭게 변경하고 결석하는 수강생들이 종종 있다. 이런 이유로 출석과 결석 그리고 클래스 시간 변경 원칙을 정해 놓지 않으면 스케줄 관리가 힘들어진다.

클래스를 운영한 지 얼마 되지 않았을 때는 특별한 원칙을 정해 두지 않았다. 수강생이 많지 않아 관리가 크게 필요한 것도 아니었고, 수강생들의 사정을 충분히 배려해서 편의를 봐 주는 것이 맞다고 생각했기 때문이다. 그러나 수강생들이 점차 늘어 감에 따라 개인적인 사정에 의한 잦은 클래스 시간 변경, 들쑥날쑥한 출석과 결석으로 하루에도 몇 번씩 수강 스케줄과 시간표를 다시 짜고 수강 인원을 조정해야 했다.

어느 날은 수강 인원 6명 중 단 한 명도 공방에 오지 않은 날도 있었다. 스케줄 조정에 할애되는 시간이 점점 늘어 갔고, 그에 따른 스트레스도 점점 심해졌다. 새벽 2시에 과음을 해서 내일 공방에 못 나가겠다는 문자를 받기도 하고, 클래스 당일 아침에 늦잠을 자서 못 간다고 뒤늦게 연락하는 분, 급한 일을 보고 오느라 한 시간 늦게 왔으니 한 시간 더 보강해 달라고 하는 분 등 이해하기 힘든 여러 가지 다양한 이유로 결석하고 시간을 변경하는 수강생들을 보며 클래스 운영 원칙이 절실히 필요하다고 느꼈다.

그 후 준에이치 스튜디오만의 클래스 원칙을 만들었고, 첫 클래스 전 공방 사용 안내와 규정이 적힌 안내문을 읽고 자필 서명을 해야만 클래스에 참여할 수 있도록 했다.

첫 번째, 결석으로 인한 클래스 연기 및 클래스 시간 변경은 월 1회, 블로그에 지정된 곳에서만 할 수 있다.

두 번째, 미리 말하지 않은 당일 결석은 동일하게 하루 차감한다.

세 번째, 출장, 여행, 건강상의 이유 등은 사전에 고지한 경우에만 장기 연장이 가능하다.

그러나 이유가 없는 결석은 없는 법. 사정이 있어서 어쩔 수 없었다며 속상해하는 수강생들을 대할 때마다 마음이 약해지기도 했지만, 원칙과 규정은 모두에게 동일하게 적용되는 것이고 일일이 사정을 헤아리다 보면 규정이라는 의미는 상실된다고 생각해서 마음을 냉정하고 이성적으로 가지려 노력하고 있다.

물론 사람과 사람 사이의 관계에는 규칙보다 더 중요한 것들이 많다. 정말 어쩔 수 없는 안타까운 상황이나 힘든 일이 있을 때는 원칙과 규정을 내세우기보다 상황을 이해하고 배려한다. 그러나 이러한 배려가 당연하게 느껴지지 않도록 규정은 필요하고, 규정이 있음에도 배려받고 있다는 마음이 전해질 때 수강생들과의 관계는 더욱 돈독해진다.

클래스 전 디자인 준비와 재료 준비 원칙

준에이치 스튜디오의 클래스 시간은 3시간이고, 클래스에 필요한 재료는 수강생이 직접 준비해서 오는 시스템으로 운영된다. 3시간은 새로운 기법을 배우고 디자인하고 제작까지 하기에는 길지 않은 시간이다. 클래스 시간에 '뭘 만들까?', '어떤 디자인이 좋을까?' 하면서 대부분의 시간을 디자인하는 데 보내는 수강생이 생각보다 많다. 고민 끝에 만들고 싶은 디자인을 정했는데 디자인에 맞는 재료가 없어서 결국 또 다른 디자인을 하고 그러다 보면 어느새 집에 돌아가야 할 시간이 된다.

'어떻게 하면 클래스 시간을 최대한 활용할 수 있을까?' 고민하다가 숙제를 내 주기 시작했다. 다음 시간에 배울 기법을 미리 설명한 뒤 만들고 싶은 디자인을 정해서 오도록 했고, 디자인에 맞는 재료를 미리 온라인으로 주문하거나 직접 재료상에 가서 구매해 오도록 했다. 미리 디자인해 오고 그에 맞는 재료도 준비해 오면 불필요한 시간을 줄여 클래스 시간을 최대한 활용하고 작업에 온전히 집중할 수 있기 때문이다.

수강생들이 직접 재료를 준비해서 오는 것은 준에이치 스튜디오만의 클래스 원칙이다. 재료를 미리 준비해 오지 못한 수강생들을 위한 준비된 재료는 있지만, 재료를 판매해 이익을 남기지 않는다. 대신 재료를 구매하는 방법과 나에게 맞는 도구를 고르고 선택하는 방법을 알려 준다. 이런 원칙을 세운 이유는 내가 필요한 재료와 나에게 맞는 도구들을 하나씩 고르면서 작업에 대한 애정이 더 생긴다고 생각하기 때문이다. 그리고 클래스를 더 이상 나오지 않더라도 스스로 재료를 구매하고 작업해 보면서 금속 공예에 대한 애정을 놓지 않기를 바라는 마음에서다.

이렇게 원칙을 정해 클래스를 진행하니 수강생들이 작업에 집중할 수 있는 시간이 더 많아졌고, 수강생들의 클래스 태도도 더 좋아졌다. 항상 클래스 시간이 되면 오늘 배워야 하는 기법에 대해 설명한 후 디자인 검사부터 시작한다. 일주일 동안 고민해서 열심히 이것저것 디자인해 오고 재료 준비도 꼼꼼히 해 온 수강생들에게는 나도 모르게 열의가 생겨 하나라도 더 알려 주려는 마음이 든다.

'직장에서 쌓인 스트레스도 해소하고 취미 생활을 하기 위해 공방에 오는데 숙제까지 해야 하나?' 그리고 '학교 다닐 때도 안 하던 숙제 검사라니?'라고 생각할 수도 있다. 취미일지라도 잘 배워 둔 취미는 오래도록 나에게 진정한 즐거움을 줄 것이다. 그리고 언젠가 취미가 나에게 도움이 되는 그 무언가가 되어 줄 것이라 믿는다.

역지사지의
마음으로 생각하자

준에이치 수강생들은 멀리서 오는 분들이 많다. 대구, 부산, 제주도, 강릉, 울산 등 금속 공예 클래스를 듣기 위해 먼 곳에서 힘든 발걸음을 하는 분들이다. 세 시간짜리 클래스를 듣기 위해 고속버스, 지하철, 버스를 환승하며 왕복 6시간이라는 긴 시간을 고생해서 오는 분들을 보면 고맙기도 하고 한편으론 존경스럽기도 하다. 나라면 그렇게 먼 길을 올 수 있을까? 힘들게 온 거리만큼 열정과 절실함이 클 거라는 생각을 하면 책임감에 어깨가 무거워지고 1분 1초도 허투루 보내면 안 되겠다는 생각이 든다.

한번은 필라테스를 배운 적이 있었다. 철저히 저녁형 인간인 내가 정말 큰 각오를 다지며 아침 운동을 시작했다. 달콤한 아침잠의 유혹을 뿌리치고 운동복을 갈아입고 필라테스 학원에 갔다. 그런데 피곤한 얼굴, 부스스한 머리와 뿔테 안경, 늘어진 운동복을 입고 의욕이 없어 보이는 선생님을 마주한 순간 왠지 불길한 예감이 들었다. 그 불길한 예감은 적중했고 나의 필라테스 선생님은 첫인상과 같이 수업에도 역시 의욕이 없었다. 그리고 선생님과 친해지기 시작하면서부터는 센터 원장님 험담, 남자 친구 이야기, 어제 술자리 안주 메뉴까지 50분의 수업 중 잡담으로 채워지는 시간이 점점 늘어났다. 결국 나는 한 달 만에 필라테스에 흥미를 잃고 다시 저녁형 인간이 되기로 했다. 아침잠을 포기하며 각오를 다졌던 마음과 시간이 너무도 아까웠다.

역지사지라고 했던가. 필라테스 선생님과의 만남 이후 나는 내 처지에서만 수강생들을 바라보고 이해하려 했다는 것을 알게 되었다. 그리고 수강생의 입장이 되어 생각해 보게 되었다. 내가 아침잠을 포기하고 필라테스를 시작하기로 마음먹은 후 설레는 마음과 열정을 가지고 시작했던 것처럼 수강생들도 그런 비슷한 마음으로 금속 공예를 시작했겠지 생각하니 미안한 마음과 함께 그동안 이해되지 않았던 수강생들의 행동이 이해되기 시작했다.

내가 수강생이라면 어떤 선생님에게 어떻게 배우고 싶을지 생각해 보았다. 당연히 자기 관리조차 안 되는 의욕 없고 성의 없는 선생님은 아닐 테고, 내가 필라테스를 배우려는 목적이 아침형 인간, 체형 교정, 다이어트였던 것처럼 금속 공예를 배우러 공방에 오는 수강생들에게도 이유와 목적이 있을 거라고 생각했다. 그래서 수강생들이 공방에 온 각각의 이유를 알고 그에 맞는 내용으로 수업을 해서 먼 곳에서 온 시간과 비용이 아깝지 않도록 클래스를 준비했다. 물론 커리큘럼은 있었지만 커리큘럼에서 크게 벗어나지 않는 한도 내에서 이유와 목적에 맞게 조금씩 변경해 맞춤 클래스를 했다.

순에이지 스튜디오의 수강 등록 카드에는 금속 공예를 배우는 목직을 표시하도록 '취미, 자기 계발, 전문가, 창업'으로 칸을 구분해 놓았다. 취미를 목적으로 온 분들은 만드는 것을 좋아하거나 주얼리를 좋아하는 분들이 많기 때문에 기초 기법 수업을 진행하면서 되도록 원하는 재료를 사용해 마음에 드는 주얼리를 직접 만드는 즐거움과 성취감을 느낄 수 있도록 했다.

자기 계발과 전문적으로 배우기 위해 오는 분들은 금속 공예에 관심은 있지만 아직 '내가 이걸 할 수 있을까?' 그리고 '적성에 맞을까?' 고민을 하는 분들이 많기 때문에 이 분야가 본인의 적성에 맞고 소질이 있는지 파악할 수 있는 내용을 다뤘다. 그리고 기초부터 탄탄히 해서 고급 과정으로 넘어갈 수 있도록 단계별로 클래스를 진행했다.

창업을 목적으로 배우러 오는 분들은 본인의 적성을 이미 파악하고 창업을 결심했거나, 금속 공예를 배운 경험이 있거나, 이미 창업을 한 분들이다. 따라서 수강생들의 희망 창업 형태에 맞게 클래스 위주의 공방 창업을 염두에 둔다면 이론과 기법 위주로 클래스를 진행하고, 브랜드 런칭이나 판매가 목적이라면 디자인에 초점을 맞춰 진행했다.

누구에게나 맞는 기성복보다 내 몸에 맞춘 맞춤복이 몸에 더 잘 맞고 편하듯 배우는 사람의 상황과 목적에 맞는 맞춤식 클래스는 수강생들의 만족도가 높다. 그리고 이 공방이라면, 이 선생님이라면 나의 꿈을 믿고 맡길 수 있겠다는 생각이 들 것이다. "저 여기 잘 온 것 같아요"라는 수강생들의 말이 나에게는 세상에서 가장 듣기 좋은 말이다.

수강생이 만든 주얼리

배움에 끝은 없다

교학상장(敎學相長)은 가르치고 배우면서 성장한다는 말이다. 이 말처럼 나는 학생들을 가르치지만 그들과 함께 성장하고 나의 부족함을 깨닫기도 한다. 그리고 부족한 것을 채우기 위해 다시 배우고 공부한다. 누군가를 제대로 잘 가르치기 위해서는 늘 배우고 공부하는 자세를 가져야 한다.

공방을 처음 시작했을 때는 누군가를 가르칠 준비가 되어 있지 않았다. 단순히 내가 아는 지식을 나눠 주면 된다고 쉽게 생각했다. 그런데 클래스를 하면 할수록 오히려 수강생들에게 생각지도 못한 것들을 배우고 아이디어도 얻었다. 가르치고 배우면서 점점 더 잘하고 싶은 욕심이 생겼다. 내가 더 많은 것들을 알고 있다면 더 다양한 것을 가르칠 수 있다는 생각과 나에게 배운 사람들이 더 잘되었으면 좋겠다는 생각이 들었다.

고민 끝에 나는 더 많은 것을 배우기 위해 피렌체 주얼리 스쿨로 떠나기로 했다. 새로운 곳에서 새로운 것을 배운다는 생각에 설레기도 했지만, 막상 떠나려고 하니 수강생들과 공방이 마음에 걸렸다. 게다가 당시에는 2호점을 오픈한 지 얼마 되지 않았고, 공방이 한창 잘되고 있어 수강생들도 많은 시기였기 때문에 주위에선 떠나려는 나를 이해하지 못했다. 하지만 나는 불어오는 바람에 배를 맡기기보다 목표와 꿈을 향해 노를 젓기로 했다. 대신 떠나기 전 나의 빈자리가 느껴지지 않도록 철저히 준비했다.

우선 1호점은 6명의 작가가 알아서 잘 운영해 주고 있었기 때문에 걱정할 것이 없었지만 클래스 공간인 2호점이 문제였다. 다행히 준에이치의 수강생이자 1호점 입점 작가인 두 분이 공방을 맡아 주기로 했다. 오랫동안 준에이치와 함께했기 때문에 실력은 말할 것도 없었고, 누구보다 공방과 클래스 내용을 잘 알고 있었기에 마음 놓고 떠날 수 있었다. 그렇게 나의 빈자리를 채우기 위한 집중 트레이닝이 시작되었다. 공방 관리와 판매까지 공방 운영에 필요한 사항들을 전달했고, 클래스 커리큘럼 내용을 하나씩 알려 주고 수강생 한 명 한 명의 진도, 작업 실력, 성격, 세세한 특징까지 인수인계를 마쳤다. 그리고 내가 확인할 수 있도록 클래스 후에는 매일 수강생들의 작품을 사진으로 찍어 보내는 규칙을 세웠다. 그렇게 긴 준비를 끝내고 드디어 피렌체 주얼리 스쿨로 떠나게 되었다.

피렌체 주얼리 스쿨은 자유로운 공방 분위기에서 체계적인 커리큘럼은 물론 우리나라에서 배우기 힘든 기법을 장인들에게 배울 기회도 많은 곳이었다. 내가 등록한 클래스는 스톤 세팅 인텐시브 코스(stone setting intensive course)였다. 짧은 시간에 원하는 기법을 배워야 했기 때문에 인텐시브 코스를 등록했는데, 클래스는 일요일을 제외하고 매일 아침 8시부터 저녁 6시까지였고 중간에 점심시간이 30분 있었다. 40도가 넘는 한여름 무더위에 에어컨도 없이 10시간 동안 이탈리아어로만 진행되는 클래스를 온종일 듣고 있으니 한마디로 죽을 맛이었다. 떠나기 전 6개월 정도 이탈리아어를 배우고 준비했지만 그 짧은 실력으로 칠판에 가득한 이탈리아어를 이해하기는 불가능했다. 그나마 숨은 그림 찾기처럼 글씨만 가득한 이탈리아어 속에서 도면이나 그림을 하나라도 발견하는 날은 운이 좋은 날이었다.

하루는 열심히 작업하고 있는데 옆자리에서 작업하던 올리비아가 "너 왜 점심 안 먹니?"라고 물었다. 시간을 보니 아직 점심시간이 남아 있었다. 그제야 점심시간이 매일 선생님의 말씀에 따라 바뀐다는 사실을 알았다. 하지만 나는 그날 이후로도 점심 먹으라는 말을 종종 알아듣지 못했고 점심을 거른 채 10시간씩 작업하기도 했다. 그러다 보니 클래스가 끝나고 작은 식료품 가게에 들러 장을 보고 손수 만든 파스타와 와인 한잔을 곁들인 후 달콤한 젤라토를 사서 폰테 베끼오◆를 산책하는 것은 그야말로 상상이고 꿈이었다. 점심을 걸렀으니 저녁은 맛있는 걸 먹어야겠다고 생각하지

◆ 이탈리아 페렌체의 아르노강에 놓인 다리 중 가장 오래된 다리로, 다리 위에 건물이 다닥다닥 붙어 있는 것이 이색적이다. 특히 주변에 주얼리 상점과 오래된 공방들이 많다.

만 집에 오면 저녁이고 뭐고 힘들어서 피자 한 조각으로 대충 저녁을 때우고 바로 쓰러져 잠들었다. 손은 물집이 잡히고 갈라져 피가 났고 손을 씻는 일조차 힘들었다.

어느 날 아침, 학교에 도착했는데 아무도 없었다. 이상한 마음에 지나가는 다른 반 학생에게 물어보니 클래스 장소가 바뀌었다고 했다. 클래스 장소를 물어물어 힘들게 찾아갔는데 이미 클래스는 끝난 상태였고 선생님은 어이없는 표정으로 나를 바라보고 있었다. 그 순간 잠에서 깼다. 꿈이었다. 매일 밤 나는 비슷한 꿈을 꾸며 아침마다 놀란 가슴으로 잠에서 깼다. 또 어느 날은 작업을 하는데 눈앞이 점점 흐려지면서 식은땀이 났다. 여기가 어디지?라는 불안감이 밀려와 쓰러질 것 같았다. 나중에 알게 된 사실이지만 스트레스로 인한 공황 장애 증상이었다. 내 인생에서 가장 힘든 시간이었다.

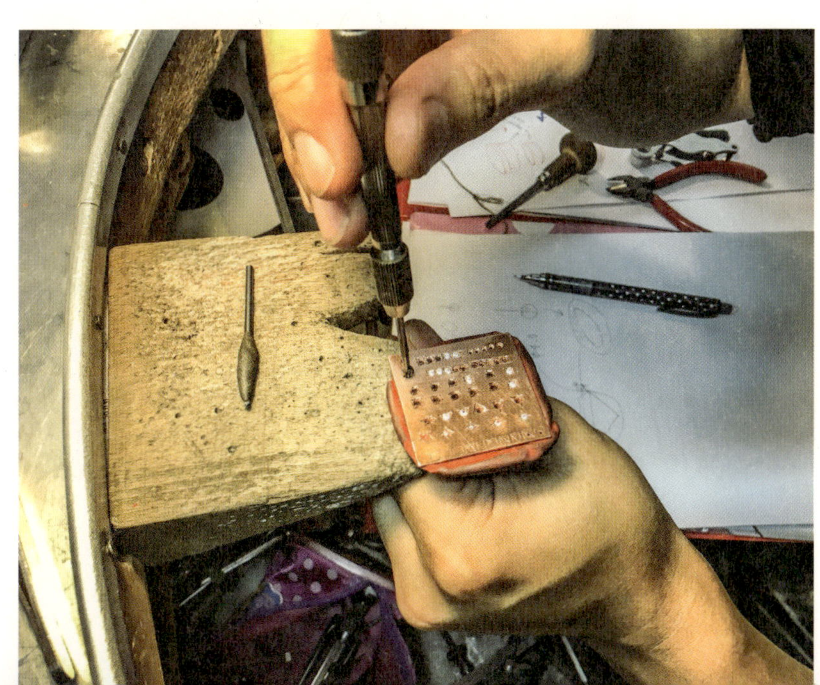

사람들은 내가 피렌체라는 로맨틱한 도시에서 좋아하는 작업도 하고 행복한 시간을 보냈을 거라며 부러워하면서 이탈리아에서의 생활이 어땠냐고 묻는다. 그럴 때마다 나는 그저 즐거웠다고, 좋았다고 대답한다. 물론 힘든 시간을 보냈던 것은 맞지만, 작업하는 시간이 항상 힘들기만 한 것은 아니었다. 그저 힘들기만 했다면 포기하고 돌아왔을지도 모른다. 이탈리아에서의 생활이 힘들어도 새로운 것을 배우는 건 더 즐거웠고, 내가 원하는 목표에 조금씩 가까워지고 있다는 성취감이 더 컸다. 그렇게 이탈리아에서 모든 힘을 다해 작업에만 집중했던 시간은 내 인생에서 다시없을 소중한 경험이 되었다.

그리고 내가 생각했던 대로 이탈리아 공방에서 배운 새로운 커리큘럼과 기법들은 나만이 할 수 있는, 우리 공방에서만 배울 수 있는 것이 되었고 다른 공방과 확실한 차별화가 되었다. 실제로 이때 배운 스톤 세팅으로 클래스를 개설했는데, 모집과 동시에 마감되는 인기 클래스가 되었고 다른 공방 선생님들이 배우러 오기도 한다.

마에스트로 Gianni와 함께

배움에는 끝이 없다. 나는 여전히 부족하고 더 많은 배움이 필요하다. 그럴 때마다 나는 내가 부족하다고 생각하는 분야의 전문가들을 찾아가서 궁금한 것들을 질문하기도 하고 가르쳐 달라고 부탁하기도 한다. 부족한 것은 부끄러운 것이 아니다. 부족한 것을 숨기려고 하는 마음이 부끄러울 뿐이다. 물론 정중하게 거절당할 때도 있었지만 조언이나 상담을 해 주는 고마운 분들도 있었다. 덕분에 나는 또 새로운 것들을 배울 수 있었다.

누군가를 가르친다는 것은 책임이 따르는 일이다. 올바르지 않은 방법이나 잘못된 지식을 전달하는 것은 나비 효과처럼 위험한 결과를 초래할 수도 있다. 비록 작은 공방이지만 나는 내가 나눈 지식과 경험이 누군가에게 선한 영향력을 끼칠 수 있기를 바란다.

함께 나아간다면 멀리 갈 수 있다

준에이치 스튜디오는 매년 수강생들과 함께 "준에이치 스튜디오는 작가들이 각각의 브랜드를 가지고 개성 있는 핸드메이드 주얼리를 제작하는 금속 공예 공방입니다"라는 문구 아래 핸드메이드 페어에 참가한다.

핸드메이드 페어는 국제 핸드메이드 페어, K 핸드메이드 페어, 핸드아티코리아, 서울 디자인 페스티벌, 크리에이터스 그라운드, 공예 트렌드 페어 등이 있고 페어마다 조금씩 다르지만 보통 5개월~6개월 전에 사전 등록하면 최대 30%까지 할인받을 수 있으니 일정을 확인하고 미리 신청해 두는 것이 좋다.

페어 참가비는 부스의 종류와 크기에 따라 다르긴 하지만 보통 70만~150만 원 선이다. 부스 종류는 조립 부스와 목공 부스로 나뉘는데, 조립 부스는 벽면 형태가 아닌 철재 프레임으로 된 조립식으로 되어 있어 벽면이 잘 짜인 목공 부스보다 가격이 저렴하다. 벽면을 이용한 디스플레이가 필요하다면 목공 부스, 그렇지 않다면 조금이라도 저렴한 조립 부스를 선택해 신청하면 된다. 페어는 보통 4일 정도로 짧게 열리지만, 신청부터 마지막 철수까지 준비해야 할 일들이 생각보다 많다. 신청 완료 후에는 페어 일정에 맞춰 판매할 제품 준비, 부스 디스플레이, 철수까지의 과정들을 세세하게 계획해 두어 빠뜨리는 것이 없도록 준비해야 한다.

준에이치 스튜디오는 최대한 비용을 절약하기 위해 사전 등록으로 페어 참가를 신청했고, 여러 수강생과 함께 참여하는 페어다 보니 목공 부스 1개를 추가로 더 신청해 2개의 목공 부스를 사용했다. 그리고 여러 명의 수강생이 참가한 덕분에 역할을 분담해서 힘을 합칠 수 있었는데, 우선 회의를 통해 각자 맡을 분야를 정했다. 부스 벽면에 붙일 사진은 포토샵을 잘 다루고 사진 보정에 재능이 있는 수강생 K가, 진열 테이블에 깔아야 할 천은 의류 회사에 다니는 수강생 S가, 브랜드 로고 레터링 시트지와 POP는 마침 아는 회사 거래처가 있다고 해서 수강생 L이 준비해 오기로 했다. 서로 미루지 않고 잘하는 분야를 하나씩 맡아 준비하니 페어 준비가 일사천리로 진행됐다. 부스를 설치하는 날도 마찬가지였다. 수강생 P가 미리 대여 신청을 해 둔 테이블과 의자를 정리한 후 함께 벽면에 로고 레터링을 붙여 부스를 꾸몄다. 그리고 진열 테이블 위 각자의 공간에 주얼리를 디스플레이했다.

페어 기간에 할 일과 지킴이도 분담했다. 페어 기간 동안 매일 출석해 부스를 지키는 것이 가능한 사람도 있었지만 회사 출근으로 매일 출석이 힘든 사람도 있었다. 개인 일정에 따라 평일과 주말로 나누고 또 오전과 오후로 나누어 지킴이를 정했다. 이렇게 함께하는 동료들이 있으니 시간을 나누어 식사하러 가기도 하고, 친구들이나 가족들이 놀러 오면 커피 한잔하는 시간을 가지기도 하고, 다른 작가들의 부스도 구경할 수 있어서 혼자 참가해 종일 부스를 떠나지 못하는 작가들보다 조금 더 여유 있게 페어를 즐길 수 있다. 그렇게 페어의 시작과 끝을 함께하는 동안 서로를 격려하고 응원하며 함께하는 것의 소중함과 고마움을 느꼈다.

준에이치 수강생들은 내가 주관하지 않아도 스스로 마음 맞는 사람들끼리 핸드메이드 페어뿐 아니라 플리마켓이나 좋은 입점 정보가 있으면 서로 공유하기도 하고, 준에이치 동창회를 열기도 한다. 우리는 서로를 같은 일을 하고 같은 길을 가는 경쟁자라고 생각하기보다 서로를 응원해 주며 꿈을 향해 함께 발전해 나가는 동료라고 생각한다.

언젠가 창업반을 졸업한 한 수강생에게 수업을 듣고 제일 도움이 되었던 것이 무엇이었냐는 질문에 생각지도 못한 답변을 들었다. "내 일을 하다가 힘든 순간이 올 때 내 입장을 온전히 이해해 주는 같은 길을 가는 친구가 생겼다"라는 답이었다. 준에이치 스튜디오의 철학은 '꿈과 성장'이다. 내가 좋아하는 일과 그 꿈을 위해 노력하는 나 그리고 우리가 함께 성장하는 공간을 꿈꾼다. 혼자 가면 빨리 가지만 함께 가면 멀리 간다는 말이 있다. 같은 꿈을 가진 동료들과 함께라면 더 멀리 그리고 더 오래 내 길을 갈 수 있을 것이다.

JUNH STUDIO

준에이치 스튜디오는 작가들이 각각의 브랜드를 가지고 개성있는 핸드메이드 주얼리를 제작하는 금속공예 공방입니다

Part 6.

좋아하는 일을 즐겁게 오래 하려면

2호점 오픈,
선택과 집중이 필요한 순간

내가 원하는 것들을 이루기 위해서는 한 가지가 아닌 여러 가지를 모두 잘해야만 할 것 같고, 그래야만 남들보다 빨리 앞으로 나아갈 수 있을 것만 같다. 특히 혼자서 모든 일을 다 해내야 하는 1인 사업자에게는 더욱 그럴 것이다. 그러나 여러 가지 일들을 혼자서 모두 완벽하게 해내기는 사실상 불가능하다. 그렇게 쉼 없이 달려오다 보면 결국 시간적, 체력적 한계를 만나게 된다. 지치지 않고 내가 정말로 원하는 목표를 이루기 위해서는 선택과 집중이 필요하다.

원래 준에이치는 8평이라는 작은 공간 안에서 다양한 일을 했는데, 한 공간에서 주얼리를 제작하고, 판매하고, 금속 공예 클래스까지 하고 있으니 특별한 홍보를 하지 않아도 손님이 수강생이 되고 수강생이 손님이 되는 공간이 되었다. 그러나 한 공간에서 여러 가지 일을 할 수 있다는 것은 장점일 수도 있지만 어느 것 하나에 온전히 집중하기 힘들다는 단점도 있었다.

공방이 점차 자리 잡아감에 따라 주얼리 주문 건이 늘어 가고 수강생들 역시 늘어 갔다. 클래스 시간에 밀려 있는 주문 제품을 만드느라 학생들에게 집중하기 힘들 때도 있었고, 제품을 구매하려는 손님들을 응대하느라 정신이 없었던 적도 많았다. "얼마나 배우셨어요?", "지금 뭘 만드는 중이죠?" 수강생 옆에 딱 붙어 신기한 눈으로 작업 과정을 지켜보면서 궁금한 것을 질문하는 손님들도 있었다. 이런 일이 반복되자 클래스에 방해가 되기도 하고, 수강생들에게 미안한 마음이 들기도 해서 출입문 앞에 이런 문구를 붙여 놓았다. "클래스 중입니다. 죄송하지만 다음에 방문해 주세요." 그러나 써 놓은 문구를 미처 보지 못하고 클래스 중 들어오거나, 필요한 선물을 급하게 사야 한다거나, AS를 하려고 일부러 먼 길에서 찾아왔다며 공방 안으로 들어오는 손님들이 많아 문 앞의 문구가 무색해졌다.

판매와 클래스 공간 분리

선택과 집중의 순간이 왔다. 한 공간에서 혼자 모든 것을 다 감당하기에는 나를 비롯해 수강생, 손님 모두가 힘들었다. 판매에 집중할 수 있는 손님들만의 공간 그리고 클래스에 집중할 수 있는 수강생들만의 공간, 판매와 클래스 공간 분리가 필요했다. 고민 끝에 당시에 운영하고 있던 공간은 준에이치 1호점이자 판매 공간으로 남겨 두고, 클래스를 할 수 있는 스튜디오 공간으로 준에이치 2호점을 추가로 오픈하기로 했다.

그동안 공방 앞 부동산 사장님과 서로 생일을 챙겨줄 정도로 친분을 쌓아 두었던 터라 마음에 드는 공간을 어렵지 않게 찾을 수 있었다. 2호점은

1호점과 도보로 5분이 채 걸리지 않는 가까운 거리에 있어서 편하게 오갈 수 있어 관리가 편했다. 그리고 2층이라 평수에 비해 임대료가 저렴했고 디자인 사무실로 쓰던 공간이라 인테리어 공사도 따로 필요 없었다. 또 볕이 잘 드는 야외 테라스에 파라솔과 테이블이 있어 클래스 전후에 테라스에서 커피 한잔과 간단한 음식을 먹으며 담소 나누기에도 좋았다.

39

Designing Jewelry

하지만 한 가지 고민이 생겼다. 2호점은 금속 공예 클래스를 하는 공간이어서 특별히 운영에 대한 걱정이 없었지만, 1호점은 판매를 해야 하는 공간이어서 누군가 판매를 위해 공방에 머물러야 했다. 매일 같이 클래스를 해야 하는 내가 1호점과 2호점을 혼자 운영하기에는 어려움이 있었다. 게다가 클래스에 집중하느라 판매 제품을 만들 시간도 많지 않아 판매 공간을 어떻게 채우고 어떻게 운영할 것인가를 고민해야 했다.

문득 좋은 아이디어가 떠올랐다. 작업 공간과 판매 공간이 필요한 수강생들에게 사용료를 받고 공방을 셰어하기로 했다. 월요일 휴무를 제외하고 6명의 작가가 6일 동안 하루씩 공방의 주인이 되는 시스템으로 계획했고, 창업반 수강생 중에서 신청을 받았다. 아직 경험이나 자금이 없어 공방 오픈을 고민하는 수강생, 창업 전 만든 제품을 직접 판매해 보며 손님들을 만나면서 경험을 쌓아 보고 싶은 수강생, 그동안 온라인 판매만 해서 직접 눈으로 보고 구매하고 싶어 하는 손님들을 위한 쇼룸이 필요한 수강생을 위주로 6명을 선발했다.

선발된 6명의 수강생은 각자 1개씩 진열대를 맡아 브랜드 성격에 맞게 원하는 대로 디스플레이하고, 하루씩 돌아가면서 공방 주인이 되었다. 그리고 매월 마지막 날 제비뽑기로 자리를 교체해 매장 디스플레이에 변화를 주었고, 판매에 유리한 자리와 그렇지 않은 자리를 다양하게 경험해 보도록 했다. 이렇게 한 공간에서 다양한 작가들의 다양한 제품을 보여 주는 일일 쇼룸은 입점해 있는 수강생들뿐만 아니라 손님들의 만족도도 높았다. 또 수강생들에게 입점비와 판매 수수료를 받아 공방 임대료와 유지 비용을 충당할 수 있어 나에게도 도움이 되었다. 그리고 2호점 역시 쾌적하고 넓은 공간에서 방해 요소 없이 클래스에만 집중할 수 있어 수강생들도 좋아했다.

2호점 이후의 새로운 공간

그 후 두 공간을 오가며 임대료와 부대 비용을 매장 두 곳에 지불하는 것이 효율적이지 못하다는 생각이 들던 와중 마음에 드는 공간을 만나게 되었다. 2호점 건물 1층에 있는 갤러리로 사용하던 공간이었는데 새로운 임차인을 찾고 있다고 했다. 갤러리 공간은 외부의 출입문과 주차장으로 연결되는 또 하나의 출입문이 있어 한 공간이지만 두 개의 매장처럼 사용할 수 있었고, 기억자 형태의 구조라 한 공간에서 판매와 클래스를 함께 해도 방해가 되지 않겠다는 생각이 들었다. 그렇게 여러 가지 고민 끝에 새로운 공간을 계약했고, 1호점과 2호점을 합친 준에이치 스튜디오를 오픈하게 되었다.

생각한 대로 한 공간이지만 두 가지 일을 할 수 있었다. 내가 클래스를 하는 시간에는 쇼룸에 판매 직원을 두어 매장을 관리하게 했고, 비록 직원 급여는 추가되었지만 그동안 1호점과 2호점에 지불되던 비용을 한 곳으로 줄이니 결과적으론 비용을 더 줄일 수 있었다. 그리고 수강생들도 클래스 전후 여유 시간에 쇼룸에 진열된 다른 작가들이나 창업반 학생들의 제품을 구경할 수 있어 좋아했고 동기 부여도 되었다. 또 제품을 구입하기 위해 쇼룸을 방문한 손님들 중 평소 금속 공예에 관심이 있거나 공방에서 배워보고 싶다고 클래스를 문의하는 분들에게 바로 클래스 안내를 하고 신청을 받을 수 있었다. 그렇게 준에이치는 선택과 집중으로 모두에게 행복한 공간이 되었다.

JUNH studio
metal craft class
one day course
regular course
couple ring course
stone setting course

멀티 공간이 주는 힘

공방을 운영하다 보면 꼭 한 번은 슬럼프가 온다. 내가 좋아하는 일을 한다고 해서 마냥 즐겁고 행복한 날들만 계속되는 것은 아니다. 매일 같은 공간에서 같은 일을 하고 꿈을 위해 앞만 보고 달려가다 보면 숨이 차오르다 못해 숨쉬기도 힘든 순간이 온다. 모든 걸 다 내던지고 떠나고 싶은 마음도 든다. 그럴 땐 공방을 벗어나기보다 공방을 조금 새롭게 변화시켜 활력을 불어넣어 주는 것은 어떨까?

공방은 내가 마음먹기에 따라 다양한 공간이 될 수 있다. 준에이치 스튜디오도 처음엔 작업과 판매 공간으로 시작해 지금은 작업, 판매, 전시, 클래스까지 운영하는 공간이 되었다. 하지만 처음부터 공방 운영이 순조로웠던 것은 아니다. 주얼리는 보통 특별한 날이나 필요에 의해 구매하기 때문에 시기에 따라 성수기, 비성수기가 확실하다. 그래서 여름 휴가나 겨울 휴가를 떠나기 전, 기념일이나 크리스마스, 연말이나 연초 모임 시기를 제외하고는 손님이 그렇게 많지 않았다. 아무도 오지 않는 공방을 지키는 그런 날들이 반복될 때면 무기력해져 아무것도 하기 싫어지기도 하고, 그냥 집에서 쉬고 싶다는 생각이 들기도 했다. 그리고 많은 직장인이 매주 월요일마다 경험하고 있는 월요병처럼 매월 월세 날이 다가오면 불안하고 조급해지면서 몸까지 피곤해지는 '월세병'도 생겼다.

한 개의 공간에서 작업, 판매, 전시, 클래스

그러던 어느 날, 우연한 기회에 꼬마 수강생을 만나 클래스를 시작하면서 변화가 생겼다. 손님이 없어 밥 먹을 때 빼곤 하루 종일 입을 열 일도 없던 날들을 보내다가 이야기할 상대가 생겼다는 것만으로도 기분이 좋아졌고 의욕도 생겼다. 그리고 점점 수강생들이 많아지면서 좀 더 편하게 작업할 수 있도록 공방 동선을 다시 계획해 인테리어도 바꿨다. 그렇게 공간을 어떻게 활용할지 고민하다 보니 공간에 대한 시각이 바뀌기 시작했다. 공방을 한 가지 일을 하기 위한 공간으로 한정 짓지 않고 다양한 일을 하는 공간으로 사용해 낭비되는 시간과 공간을 없도록 했다. 판매 비수기에는 클래스로 공간을 채우면서 불안한 마음으로 오지 않는 손님을 기다리지 않게 되었고, 클래스 비수기에는 판매에 집중하니 자연스럽게 수입이 늘었다.

셰어 공방, 공간 대여

점점 공방에 손님이 많아지고 클래스를 듣는 수강생도 많아지면서 전시와 판매는 1호점, 작업과 클래스는 2호점으로 나눠 운영하게 되었고 각 공간의 목적에 맞게 더 효율적으로 사용했다. 예를 들어 1호점은 내가 만든 작품을 판매하는 쇼룸으로만 사용하지 않고 작업과 판매할 공간이 필요한 수강생들을 위한 셰어 공방으로 그리고 2호점은 클래스뿐 아니라 안쪽에 작업실을 따로 만들어 작업실이 필요한 사람들을 위한 작업 공간 대여도 했다. 작업과 판매 공간이 필요했던 사람들은 셰어 공방에서 경험해 볼 수 있었고, 개인 작업이 더 필요한 사람들은 작업실을 쓸 수 있었고, 나는 공방과 작업실을 대여해 주면서 클래스가 없는 날에도 추가 수입이 들어오니 몸도 마음도 편해졌다.

클래스 공간과 분리된 개인 작업 대여 공간

플리마켓, 오픈 스튜디오

1호점에서는 가끔 공방 앞 계단에서 플리마켓도 열었다. 공방 바로 옆에는 유명한 김밥 맛집이 있어 주말이면 김밥을 사기 위해 줄을 서는 사람들이 놀랄 정도로 많았다. 줄은 공방 앞까지 이어져 출입구를 막는 일도 종종 있었고, 줄을 기다리면서 공방 쇼윈도의 주얼리를 구경하는 사람들도 많았다. 문득 좋은 아이디어가 떠올랐다. 주말에 공방 앞 계단에서 플리마켓을 열면 많은 사람들이 알아서 모이니 따로 홍보하지 않아도 판매가 잘될 것이 확실했다. 플리마켓은 쇼룸 셰어 작가들과 원하는 수강생들 누구나 참여해서 제품을 판매할 수 있도록 했다. 사람들의 반응은 역시나 뜨거웠고 다음 플리마켓을 기다리는 사람들도 생겼다.

2호점에서는 일주일에 하루는 오후 클래스를 빼고 수강생들에게 무료로 작업실을 오픈하는 '오픈 스튜디오'도 운영했다. 집에서 작업이 힘든 수강생들이나 부족한 기법을 연습할 시간이 필요한 수강생들을 위해 마련한, 만들고 싶은 것들을 마음껏 만드는 시간이었다. 오픈 스튜디오는 2호점에 이어 현재까지 활발하게 운영되고 있고 빈자리가 없을 정도로 수강생들에게 인기가 좋다.

내 일을 지치지 않고 즐겁게 오래 하기 위해서는 공방을 다양한 일을 할 수 있는 공간으로 열어 두면 그만큼 기회와 가능성이 함께 열려 내가 나아갈 수 있는 원동력이 된다. 공방을 하나의 목적으로만 사용하지 않고 작업, 판매, 전시, 클래스 그리고 셰어 공방, 공간 대여, 플리마켓, 오픈 스튜디오 등 멀티 공간으로 활용해 보자.

출장도 여행처럼

내 공방을 운영하면 내가 원하는 대로 자유롭게 시간을 내서 여가 활동도 하고 여행도 갈 수 있을 것 같지만 생각처럼 쉽지 않다. 오히려 회사 다닐 때는 주말과 휴가가 있어서 주말에 보고 싶은 전시를 보러 가거나 여행을 가고 싶을 땐 마음 편히 휴가 내고 떠나는 것이 가능했다. 공방을 운영하고부터는 여가 활동과 여행은 고사하고 주말에 조용히 여유를 가지며 쉬는 것조차 쉽지 않았다. 그리고 주말에는 손님과 수강생들이 평일보다 훨씬 많아 공방을 시작하고 나서 결혼식이나 돌잔치 같은 경조사는 가본 지 오래다. 때론 친구들이나 가족들이 이런 나를 이해하지 못하거나 서운해하기도 하지만 먼 곳에서 내 클래스를 듣기 위해 공방으로 오는 수강생들을 생각하면 공방을 비우고 마음 편히 참가하기가 쉽지 않아 모든 경조사는 미련 없이 포기했다.

일주일 중 유일하게 월요일 하루가 나를 위해 쓸 수 있는 휴일이다. 그러나 휴일에도 온전히 쉬거나 하고 싶은 일을 하는 것은 아니다. 재료상에 가거나 거래처와 공장을 방문하고 일주일 동안 밀린 업무를 처리하다 보면 하루가 금방 지나가 버린다. 나는 그림이나 전시를 보며 아이디어를 얻는다. 그러나 대부분의 갤러리 휴무는 안타깝게도 월요일이다. 아이디어는 점차 고갈되고 같은 공간 안에서 같은 사람들을 만나고 같은 일을 하다 보니 세상이 어떻게 돌아가는지 모른 채 공방이 세상 전부가 되어 가고 있었다. 점점 우물 안 개구리가 되어 갔고 이대로는 안 되겠다는 생각이 들었다.

우물 안 개구리에서 벗어나 좀 더 다양한 세상을 보게 된 계기는 주얼리 페어에 참가하기 위해 떠난 방콕 출장이었다. 마침 주얼리 페어 기간이 추석 연휴와 맞물려 있어 고민하지 않고 마음 편히 떠날 수 있었다. 주얼리 페어는 각국의 주얼리와 관련된 업체들이 참가하기 때문에 전 세계 디자인 트렌드를 한눈에 볼 수 있었다. 주얼리 페어는 오전 10시에 시작해 오후 6시에 끝났는데, 오전 시간이나 페어가 끝난 후 저녁 시간을 이용해 마음껏 하고 싶은 것을 하며 시간을 보냈다. 좋아하는 수영과 태닝을 하기도 하고, 쇼룸에 놓을 소품들을 쇼핑하러 다니기도 했다. 그리고 밤에는 탱고 바에 갔다. 예전에 1년 동안 탱고를 배운 적이 있었는데 공방을 시작하면서 여유가 없어 잊고 있었던 취미였다. 이런 게 바로 일거양득이었다. 온전히 여행만을 위한 시간을 내기 어려운 나에게 출장은 곧 여가 활동이자 여행이 되었다.

단순히 여행이 아닌 업무와 관련된 일로 해외에 나와 있다 보니 나와 같은 일을 하는 다양한 사람들을 만나고 교류할 수 있었다. 방콕 주얼리 페어에서 만난 디자이너 Gimm은 안경 디자이너다. 영국에서 금속 공예를 전공하고 지금은 방콕에서 2개의 금속 공예 공방을 운영하며 금속으로 안경을 만드는 일을 하고 있었다. 비슷한 일을 하고 관심사가 같다 보니 통하는 것이 많아 우리는 금방 친구가 되었다. 그 후 나는 방콕 주얼리 페어에 참가할 때마다 Gimm의 공방에서 워크숍을 듣거나 같이 재료를 사러 다니고 좋은 책과 정보를 공유했다. 그리고 한국에 오고 싶어 하던 그를 초대해 준에이치에서 워크숍을 열기도 했다. 그 후 나는 매년 봄에는 홍콩, 가을에는 방콕 주얼리 페어에 참가하면서 출장과 여행이라는 두 마리 토끼를 잡았다. 수강생들 역시 내가 페어에 참가하고 돌아올 때마다 한가득 가지고 오는 다양한 원석들 그리고 새로운 금속 공예 재료와 도구들을 기대했고, 필요한 원석이나 재료를 부탁하기도 했다.

점차 범위를 넓혀 유럽에서 열리는 아트 페어에도 참가했다. 3년 전 다녀온 네덜란드 암스테르담 아트 페어에서는 내가 만든 작품을 전시하고 판매하며 유럽 현지 반응을 보는 좋은 기회가 되었다. 그리고 함께 전시했던 작가들 중 준에이치 스튜디오와 콘셉트가 맞는 작가들의 작품을 가져와 쇼룸에 전시하고 판매하기도 했다. 아시아에 판로가 없었던 포르투칼, 스페인, 독일 작가들의 작품을 우리나라에 소개하는 좋은 기회가 되었고, 서로에게 도움이 되는 관계로 발전했다.

Aletta Teunen

JANE MOORE
TANIA
CLARKE HALL

출장도 여행처럼 떠나보자. 일하러 간다는 마음보다 여행을 간다는 마음을 가지면 조금 더 설레고 즐겁게 떠날 수 있다. 마음가짐에 따라 단순히 즐기고 휴식하는 여행 이상의 것을 만나게 될 수도 있다. 일에 대한 아이디어, 나에게 도움이 되는 사람들 그리고 새로운 기회를 만나보자.

다시 찾는
공방 만들기

사람들이 다시 찾는 곳에는 이유가 있다. 제품의 디자인과 퀄리티가 뛰어나거나, 가격이 합리적이거나, 주인이 친절하거나 등 여러 가지 이유가 있을 수 있다. 그러나 반대로 겉으로 보기에만 화려하고 좋아 보이는 곳은 처음 한 번은 겉모습에 이끌려 우연히 가겠지만 다시 또 찾아가지는 않는다. 한 번 스쳐 지나가는 곳이 아닌 다시 찾는 곳은 오래간다. 오랫동안 내 일과 공간을 유지하려면 사람들이 다시 찾고 싶은 공방으로 만들어야 한다.

준에이치 스튜디오를 운영하면서 10년 동안 만난 손님과 수강생의 수는 세기 힘들 정도로 많다. 나는 유난히 사람 얼굴과 이름을 잘 기억하지 못한다. 게다가 시력까지 좋지 않아 길에서 누군가를 만나도 잘 알아보지 못해 인사를 거르기 일쑤다. 공방 사장님으로서는 정말 최악 중에 최악인 상황이다. 주문 상품을 찾으러 온 손님에게 어떻게 오셨냐고 묻기도 하고, 한 달 동안 클래스를 듣고 있는 수강생의 얼굴을 못 알아보고 처음 오셨냐는 망언을 하기도 했다.

공방의 역사이자 보물 1호, 수강 카드

이런 내가 할 수 있는 유일한 방법은 기록이었다. 그래서 시작된 수강 카드는 준에이치 스튜디오의 역사가 되었고 나의 보물 1호가 되었다. 클래스를 처음 시작했던 2013년부터 현재까지 수강 카드는 차곡차곡 쌓여 가고 있다. 수강 카드에는 수강생 이름과 연락처 등 인적 사항을 쓰는 난과 날짜별로 클래스 내용을 적는 난으로 나뉘어 있다. 수강 카드는 수강생들이 클래스가 끝난 후 직접 작성하는데 그날 배운 기법과 만들었던 디자인을 최대한 자세히 적고 그림을 그리기도 한다. 나의 믿지 못할 기억력을 위해 시작된 수강 카드는 그동안 했던 작업을 기록하는 수강생들만의 작업 기록 일지가 되었다.

수강 카드에 가끔 수강생들이 남겨 놓은 "오늘 작업 폭망! 다음에 더 잘하자!"와 같은 귀여운 메모를 발견하기도 한다. 어느 날 마지막 클래스를 마친 수강생의 수강 카드를 정리하다가 남겨진 메모를 발견했다. "선생님, 준에이치에서의 시간이 요즘 지치고 힘들었던 저에게 가장 행복한 시간이었어요. 정말 감사합니다. 다음에 시간이 되면 꼭 다시 돌아올게요. 그때 제 자리 꼭 비워두세요!" 감동이었다. 비록 나의 기억력을 위해 시작된 수강 카드였지만, 수강 카드는 수강생과 나를 이어주는 매개체가 되었다.

한번 준에이치 수강생이 되면 사정이 있어 클래스를 그만두어도 몇 달 후, 몇 년 후에 다시 돌아와 수강 카드를 꺼내서 보면 예전에 배웠던 것들을 다시 이어서 배울 수 있다. 그래서일까? 두 번, 세 번 다시 돌아오는 수강생들이 많다.

단골손님 만드는 비법, 고객 카드

손님과의 만남도 수강생과 다르지 않다. 공방을 방문하는 손님들의 주문과 구매 내역은 리스트를 작성해서 모두 기록해 두고, 단골손님은 고객 카드를 따로 만들어 기록해 뒀다. 고객 카드에는 언제 어떤 제품을 구매했고, 주문한 제품의 상담부터 디자인, 제작, 완성까지 모두 기록되어 있어서 리스트만 보아도 손님의 취향이나 가지고 있는 주얼리들을 모두 확인할 수 있다.

단골손님이 비슷한 주얼리를 구매하려고 하면 "이 귀걸이는 저번 달에 구매한 귀걸이와 디자인이나 컬러가 너무 비슷해요. 그 제품 말고 이 제품은 어떠세요?"라며 이미 구매한 주얼리와 겹치지 않도록 다른 제품을 권한다. 그리고 가지고 있는 주얼리가 싫증이 난다고 하면 새로운 제품을 구매하기보다는 재도금해서 컬러를 변경하거나 리폼할 것을 권해 드린다. 그러다 보니 믿고 맡겨 주시는 손님들이 점차 많아져 중요한 모임에 착용할 어울릴 만한 주얼리를 알아서 골라 보내 달라고 하거나 주문 제작 상품도 디자인을 전적으로 맡기는 분이 많다. 그리고 돌아가신 어머니께 물려받은 목걸이, 결혼하는 딸에게 물려주고 싶은 반지, 결혼반지나 돌반지 등 의미 있고 소중한 것들을 가지고 와서 다시 리세팅해 달라고 믿고 맡겨 주시는 분들도 있다.

사람에게 가장 중요한 것은 만남이 아닐까? 사람과 사람의 만남일 수도 있고, 좋은 제품과의 만남일 수도 있다. 한 번의 만남이지만 진심을 담아 제품을 만들고 또 손님을 대한다면 다시 찾는 공방이 될 것이다. 오랫동안 다시 만나고 싶은 사람, 다시 찾는 공간을 만들어 보자.

진정한 워라밸이란

많은 사람들은 일과 삶의 균형 워라밸(work-life balance)이 중요하다고 한다. 그래서 저녁이 있는 삶을 강조하며 퇴근 후 취미나 여가 생활을 하며 나만의 시간을 갖기 바란다. 그러나 워라밸의 사전적 의미와는 다르게 우리는 일과 삶의 균형에서 '삶'에만 초점을 맞춰 워라밸을 실천하려고 한다. 퇴근 시간과 주말만 오기를 기다리고 일하는 시간은 빨리 벗어나고 싶은 시간이라면 우리의 인생은 벗어나기 위한 삶을 사는 것이 아닐까?

아마존의 CEO 제프 베이조스는 한 인터뷰에서 이렇게 말했다.

> "일과 삶의 균형을 찾으려 하지 마라! 균형을 맞추려고 노력한다는 것은 하나를 추구하고 다른 하나를 희생해야 하는 거래의 의미가 있다. 결국 과도한 워라밸 추구는 그것이 일이든 삶이든 무엇 하나를 잃게 할 것이다. 그러나 균형과 선택이 아닌 '워라하(work-life harmony, 일과 삶의 조화)'에 초점을 맞춘다면 일과 삶에 시너지 효과를 낼 수 있을 것이다."

1인 사업자가 워라밸을 지킨다는 것은 쉽지 않다. 아침에 공방으로 출근해서 청소부터 판매, 제작, 클래스 그리고 여러 가지 업무를 처리하다 보면

몸이 열 개라도 모자랐다. 눈코 뜰 새 없이 바쁘다 보니 나를 위한 시간 내기는 하늘의 별 따기였고, 어쩌다 찾아온 휴식으로 쉬고 있으면 뒤처지고 있다는 생각에 초조하고 불안해졌다. 그래서 더더욱 일과 삶의 균형을 맞추려고 하는 것보다 일과 삶의 '조화'가 중요하다고 생각했다.

나는 화요일부터 일요일까지는 공방에서 시간을 보내고, 휴일인 월요일에는 거래처를 가거나 재료를 사러 간다. 그러다 보니 내 주변에는 일과 관련된 사람들이 많다. 모임에 참석하거나 친구들과 만나는 시간이 줄어들면서 처음에는 점점 좁아지는 인간관계가 솔직히 걱정되기도 했고, '이러다가 내 주위에 아무도 없으면 어쩌지?'라는 생각이 들 때도 있었다. 그래서 일과 삶 사이에서 인간관계 또한 균형을 맞추기보다는 조화를 이루기 위해 노력했다. 인간관계가 좁아질까 걱정하는 시간에 내가 좋아하는 일을 하면서 내 주변에 있는 사람들과 잘 지내고 내가 필요한 사람들에게 도움이 되는 일을 하며 시간을 보내기로 했다. 종종 인간관계조차 일과 관련되어 있으면 너무 스트레스받지 않냐는 주변 사람들의 말을 듣기도 한다. 하지만 내 일이 제일 즐겁고 재미있다면 일에 관련된 사람들을 만나는 시간이 제일 즐거운 시간이 아닐까?

오래전부터 알고 지내던 손님이 오랜만에 공방에 오는 날은 오래된 친구를 만날 때처럼 설렌다. 어울리는 주얼리를 골라 드리고, 그동안 밀린 이야기를 하며 동네 산책도 하고, 새로 생긴 빵집에 들러 빵도 사고 커피도 마신다. 클래스 후엔 수강생들과 저녁을 먹거나 맥주 한잔을 하며 공방이나 작업에 대해 이야기도 하고 고민을 상담하기도 한다. 그리고 휴일에는 거래처 사장님들과 점심을 먹거나 이런저런 업계 돌아가는 이야기를 하며 정보를 얻는다.

그렇다고 일에 관련된 사람들만 골라서 만나는 것은 아니다. 균형을 맞추려 아등바등할 때보다 조화를 택하고 나니 꼭 만나야 하는 사람들은 만나게 되어 있다는 것을 알게 되었다. 바쁜 나를 위해 약속 장소를 공방 근처로 잡거나 내가 쉬는 날로 모임 일정을 배려해 주는 진정한 내 편인 고마운 사람들이 누군지도 알게 되었다. 진정한 워라밸이란 내가 좋아하는 일을 더 오래 잘하기 위해 나를 위한 시간을 만들고, 그 시간을 내가 좋아하는 것들로 채워 나가는 것이 아닐까?

Part 7.

꿈을 현실로 만들어 가는 사람들

온라인에서 시작해 팬덤을 형성하다

메종드키그

Q: 메종드키그는 어떤 공간인가요?

A: 메종드키그는 2015년 4월 온라인 쇼핑몰로 시작해서 2018년 3월 연희동에 오프라인 매장을 오픈했어요. 메종드키그 매장은 외부 공정을 제외하고 디자인부터 왁스 카빙, 세공까지 모든 작업이 이루어지는 작업실과 직접 만든 주얼리를 전시하고 판매하는 쇼룸으로 나눠져 있는 공간이에요.

Q: 공방을 창업하게 된 계기가 무엇인가요?

A: 나만의 브랜드를 만드는 건 20살 때부터 저의 꿈이었어요. 패션학과를 나왔지만 패션 쪽보단 소품 쪽에 더 흥미를 느꼈고, 학생 때 주얼리 판매 아르바이트를 해 보면서 내가 주얼리를 좋아한다는 것을 확실히 알게 되었어요. 그리고 주얼리 디자이너 브랜드 회사를 퇴사하고 나서 자연스럽게 내가 좋아하는 주얼리들을 모아 블로그 마켓으로 소소하게 시작했어요. 그 후 정말 감사하게도 많은 관심을 주셔서 블로그를 시작한 지 3개월 만에 온라인 쇼핑몰을 오픈하게 되었어요.

Q: 온라인에서 오프라인으로 사업을 확장하게 된 이유가 무엇인가요?

A: 처음 메종드키그는 사입 제품이나 조립해서 만든 주얼리 제품 위주

로 판매를 했었는데 사입이나 조립 방식의 주얼리를 판매하다 보니 더 다양한 주얼리를 보여 드릴 수 없다는 한계에 부딪혔어요. 그래서 직접 주얼리를 만들기 위해 주얼리 세공을 배우기 시작했고, 핸드 크래프트 디자이너 브랜드로 자리 잡기 위해 정말 많이 노력했어요. 그런 노력 덕분인지 점점 제가 만든 주얼리를 좋아해 주시는 분들이 많아지기 시작했어요. 그리고 운 좋게 준에이치 스튜디오 자리를 이어받아 메종드키그 오프라인 쇼룸을 오픈하게 되었어요. 열심히 하다 보니 좋은 기회가 생겼던 거 같아요. 무엇보다 준에이치 선생님께서 많은 도움을 주셔서 항상 감사한 마음 잊지 않고 있어요.

Q: 온라인 판매만 했을 때와 오프라인 판매를 함께 했을 때의 차이점 그리고 좋은 점과 힘든 점이 있나요?

A: 온라인만 운영했을 땐 작업실에서 작업만 하다 보니 시간이 자유로웠어요. 가끔 자유로웠던 시간이 그립기도 해요. 하지만 오프라인 판매를 시작하면서 매출이 많이 오르기도 했고, 무엇보다 손님들이 직접 눈으로 보고 착용도 해 보는 공간을 제공할 수 있다는 점과 손님에게 어울리는 주얼리를 직접 골라 드릴 수 있다는 점이 재밌는 것 같아요. 코로나 전에는 지방이나 제주도에서 오시는 분들도 있었고, 간혹 외국인 분들도 있었어요. 정말 좋아하는 브랜드라며 "여기서 산 주얼리를 항상 착용하고 다닌다. 멋진 주얼리를 만들어 주셔서 감사하다"라는 칭찬을 해 주시는 분들이 많아서인지 더 힘을 내서 잘해야

겠다는 다짐을 하게 되는 거 같아요. 굳이 힘든 점을 뽑자면 온라인과 오프라인을 함께 하게 되면서 규모가 조금 더 커졌기 때문에 많은 분들의 기대에 부응하고 앞으로 더 성장하고 발전하기 위해 노력해야 한다는 부담감이 없지 않아 심적으로 조금 힘든 정도예요.

Q: 제품을 제작할 때 디자인 콘셉트나 아이디어는 주로 어디에서 얻나요?

A: 평소 느끼는 감정으로 콘셉트를 정할 때도 있고, 주얼리의 텍스처를 통해 콘셉트를 정할 때도 있어요. 예를 들어 불로 금속을 뜨겁게 달궈 찰나의 순간에 만들어지는 특이한 텍스처에서 아이디어를 얻었던 'The moment of moment : 찰나의 순간'이라는 콘셉트로 디자인을 다양하게 접근한 컬렉션을 만들기도 하는 등 틀에 박혀있지 않고 폭넓고 다양한 사고를 하려고 해요. 그리고 핀터레스트나 해외 패션 컬렉션을 꼭 찾아봐요. 제가 좋아하는 브랜드 패션쇼를 보고 '올해 유행하는 패션에는 이런 주얼리를 하면 잘 어울리겠다'라는 생각을 하면서 콘셉트와 아이디어를 얻고 있어요.

Q: SNS를 관리하는 방법이나 브랜드를 홍보하는 나만의 노하우가 있나요?

A: 그저 좋아하는 주얼리 사진을 많이 올리고 주얼리를 직접 착용한 사진을 재미를 가지고 올리다 보니 감사하게도 많은 분들이 좋게 봐 주셨어요. 그리고 제품을 구매한 손님들이 SNS에 사진을 올려 주시면서 자연스레 입소문이 났던 것 같아요. 사실 지금은 SNS를 열심히 안

하고 있어서 친구들한테 잔소리를 들었어요. 예쁘게 만든 주얼리를 혼자만 알고 있지 말고 사진을 많이 올리라고 하더라고요. 그런데 중요한 건 사진 올리는 게 숙제라고 생각하면 안 되는 것 같아요. 내가 재미를 가지고 찍어야 예쁜 사진을 찍을 수 있고, 또 그렇게 찍은 사진들을 많은 사람들이 좋아해 주신다는 것을 느꼈어요. 올해는 체계적으로 브랜드 홍보를 위해 인플루언서, 협찬 등 마케팅에 중점을 두고 있어요.

Q: 메종드키그 자사몰과 쇼룸 판매 외에 다른 판매 루트가 있나요?

A: 원래는 자사몰과 쇼룸에서만 메종드키그 제품을 구매할 수 있었지만, 현재는 W Concept, 29CM, EQL 한섬에서도 메종드키그를 만나볼 수 있어요. 그리고 해외 판매도 하고 있는데 수출은 중국, 싱가포르, 대만 쪽에서 먼저 연락을 주셨고, 지금은 중국에 있는 한 편집숍과 지속적으로 도매 유통을 진행하고 있어요. 앞으로 더 많은 나라에 제 브랜드 제품을 수출하는 게 저의 목표이자 바람이에요. 정말 열심히 해야겠죠?

Q: 앞으로의 꿈이나 계획은 무엇인가요?

A: 올해 저는 빠르게 흘러가는 시즌 흐름에 끌려가지 않고 제가 좋아하고 애정 가득한 마음으로 만든 주얼리로 가득 채울 예정이에요. 그리고 이건 저의 욕심일 수도 있지만 해외에서도 메종드키그를 많이 찾

아 주셨으면 하는 바람이 있어요.

Q: 나만의 브랜드로 창업을 하려는 분들께 해 주고 싶은 말이 있나요?

A: 꿈을 가지고 최선을 다해 꾸준히 좋아하는 것을 만들다 보면 나의 브랜드를 좋아하고, 알아주는 사람들이 점차 많아질 거라고 생각해요. 우리 모두 파이팅입니다!

Secretive Eye

메종드키그

대표: 김인경
위치: 서울특별시 서대문구 연희로 11길 41, 1층
홈페이지: www.maisondekig.com
인스타그램: @md_kig

큐리아뜰리에

15년 차 은행원에서 공방 사장님이 되다

Q: 큐리아뜰리에는 어떤 공간인가요?

A: 서촌 끝자락, 어느 주택가 골목에 있는 핸드메이드 주얼리를 만드는 금속 공예 공방입니다. 제가 직접 디자인하고 제작한 주얼리를 판매도 하지만 직접 주얼리나 작은 소품을 만들어 보고 싶은 분들을 위한 원데이 클래스나 취미반 같은 금속 공예 클래스도 운영하는 공간입니다.

Q: 15년이나 다니던 안정적인 회사를 그만두고 공방 창업을 결심하게 된 계기가 있나요?

A: 손으로 만들고 작업하는 것을 너무 좋아해서 공방 여는 것이 늘 꿈이었어요. 언젠가 회사를 그만두면 공방을 하고 싶다는 막연한 생각을 하고 있었죠. 그러다가 우연히 금속 공예를 배우게 되면서 공방 창업이라는 꿈을 이루게 되었어요. 저에게 금속 공예는 딱딱한 금속이 내 손을 거쳐 새로운 모양으로 만들어지고 또 멋진 작품으로 탄생한다는 것이 너무 매력적이었어요. 작업하는 시간이 너무 행복했고, 늘 머릿속에 금속 공예 생각만 하다 보니 회사에 있는 시간이 너무 아깝더라고요. 15년 동안 회사 생활도 충분히 했고요. 그래서 '이제는 새로운 도전을 해 보고 싶다'라는 생각이 들어서 공방 창업을 결심하게 되었습니다.

Q: 공방 창업을 위해 어떤 방법으로 얼마나 준비했나요?

A: 공방에서 금속 공예를 배우며 실력을 쌓아 나간 기간은 2년 정도이고, 실제로 공방 창업을 결심하고 오픈하기까지 1년이 걸렸으니 총 3년 정도의 준비 기간이 있었어요. 생각보다 공방 창업을 하기까지 시간이 오래 걸려서 조바심도 났었는데, 그만큼 차근차근 준비해 보면서 오히려 결과적으로는 더 큰 도움이 되었어요. 그 시간 동안 시장 조사도 많이 했고, 디자인의 폭을 넓히고 작업 스킬도 많이 늘리려고 노력했어요. 특히 핸드메이드 페어에 참여한 것이 좋은 경험이 되었어요. 공방을 오픈하기 전 핸드메이드 페어에서 다양한 손님들을 만나 제품에 대한 반응을 보기도 하고, 판매에 대한 경험을 쌓아 보기도 하면서 공방을 처음 오픈해서 운영하는 데 많은 도움이 되었습니다.

Q: 지금 운영하는 공방은 어떻게 찾았고 인테리어는 어떻게 했나요?

A: 특별하게 생각해 둔 곳이나 딱히 원하는 위치가 없다 보니 공방 위치를 정하는 것부터 너무 어려운 일이었어요. 그래서 부동산을 통해서 찾기보다 인터넷 카페에 올라온 매물들을 보며 찾았습니다. 선정 기준은 주변 환경이 공방을 열기에 적합한지를 살폈고, 처음 하는 창업이라 인테리어 공사는 최소로 하고 싶어 심플한 인테리어에 에어컨, 조명 등 기본적인 것이 갖춰진 곳들 위주로 찾았어요. '문화상점'이나 '피터팬의 좋은 방 구하기' 등의 인터넷 카페를 수시로 드나들며 다행히 제 마음에 딱 드는 현재의 공간을 찾았고, 필요한 가구 몇 개만 구입한 후 간단한 인테리어만으로 시작할 수 있었습니다.

Q: 클래스 수강생 모집은 어떻게 하나요?

A: 수강생 모집을 하기 위해서는 SNS나 블로그를 꾸준히 업데이트하는 것이 제일 중요하다고 생각해요. 처음에는 큰 반응이 없었는데 점점 사진과 글이 쌓여 가면서 수강 문의 횟수가 늘어나고 수강을 등록하는 사람들도 늘어나기 시작했어요. 인스타그램 유료 광고도 종종 이용하는데, 저와 같이 큰 비용으로 홍보하기 힘든 작은 업체들이 비교적 적은 비용으로 홍보할 수 있어서 좋은 홍보 방법이라고 생각합니다.

Q: 클래스/판매의 매출과 비중은 어느 정도인가요?

A: 아직은 클래스가 매출의 큰 부분을 차지합니다. 최근에는 꾸준히 작업한 결과물이 쌓이기 시작하면서 판매 수입도 점점 늘어 가고 있습니다. 그래서 판매와 클래스의 매출이 같은 달도 있어요. 그러나 판매 수입은 날씨, 계절 그리고 외부 환경 등 여러 가지에 영향을 많이 받아서 클래스처럼 수입이 일정치가 않아요. 그래서 판매와 클래스를 적절히 잘 조화시켜 매출을 유지하고 있습니다.

Q: 클래스가 끝나면 나머지 시간에는 무엇을 하나요?

A: 새로운 주얼리 디자인과 제작을 하거나 주문받은 제품들을 만들고 배송하며 시간을 보냅니다. 그 외 시간에는 클래스를 위한 공부를 하면서 많은 시간을 보내고 있어요. 수강생들이 계속 새로운 것을 배우고 싶어 해서 끊임없는 공부는 필수더라고요. 그래서 책도 많이 보고

공부한 것들을 직접 만들어 보기도 해요. 그런데 이제부터는 저를 위한 시간을 조금씩 가져 보려고 계획 중이에요. 운동도 하고, 어학도 배우고, 새로운 취미도 가져 보려고 합니다.

Q: 회사 다닐 때보다 지금의 생활에 만족하나요?

A: 분명 장단점이 있어요. 회사 생활의 가장 큰 장점은 안정적으로 월급이 들어온다는 거겠죠. 공방 창업을 하고 나서는 수입이 일정하지 않아 다음 달 수입을 예측할 수 없고, 매달 고정적으로 나가는 유지비를 충당해야 한다는 불안한 점이 많아요. 하지만 아직 회사 다닐 때가 그립다거나 회사로 돌아가고 싶다는 생각은 들지 않습니다. 회사 생활과는 달리 모든 것들을 내가 주도적으로 할 수 있다는 점, 계속 새로운 무언가를 도전해 볼 수 있다는 점이 꽤 매력적이거든요.

Q: 공방을 운영하면서 어려운 점이나 힘든 점은 없었나요?

A: 내 사업을 운영한다는 것 자체가 쉽지 않습니다. 신경 써야 할 일들이 상당히 많아요. 그중에서도 가장 어려운 것이 서류 및 세금 문제예요. 사업자를 내는 것부터 시작해서 세금 신고까지 담당자가 따로 정해져 있는 회사와는 달리 처음부터 끝까지 내가 결정하고 처리해야 하다 보니 하나하나 공부하면서 해야 할 일들이 너무 많더라고요. 또 공방 주차 문제부터 건물 누수, 동파, 심지어 누군가 버리고 간 쓰레기까지 생각하지 못했던 사소한 일들이 계속 일어난다는 게 참 힘들었습니다.

Q: 앞으로 꿈이나 계획은 무엇인가요?

A: 그동안 준비해 오던 온라인 쇼핑몰을 오픈했습니다. 쇼핑몰을 오픈하고 나니 디자인의 다양화가 필요하다는 생각이 들어 다양한 컬렉션을 준비하고 있어요. 또 앞으로 수강생들과 함께 핸드메이드 페어도 나가고 플리마켓도 나가려고 해요. 수강생들에게 제가 느꼈던 많은 경험을 느끼게 해 주고 싶거든요.

Q: 공방을 창업하려는 분들께 해 주고 싶은 말이 있나요?

A: 좋아하는 일을 하며 살고 싶어 호기롭게 시작했지만 "취미는 취미일 때가 가장 행복하다"라는 말이 참 맞다고 느낄 때가 많습니다. 그래서 때론 '내가 내 일을 즐기고 있다기보다 공방 운영하는 것에 더 치우쳐 있는 건 아닌가?'하는 생각이 들 때가 많아요. 그래도 아직은 다행히 만드는 것에 즐거움을 느끼고 있어 지금 하는 일이 참 좋고 감사해요. 공방 창업은 생각보다 더 많은 현실적인 문제에 직면해야 할 때가 많아 가벼운 마음으로 시작하진 않았으면 좋겠어요.

Qree atelier
Handmade jewelry
Qree atelier
핸드메이드 쥬얼리
판매·주문
원데이클래스
취미반

큐리아뜰리에

대표: 이규희
위치: 서울특별시 종로구 자하문로 30길 19-12, 1층
홈페이지: www.qreeatelier.com
인스타그램: @qree_atelier

패션 회사 VMD에서 개인 브랜드 숍을 내다

Q: 우아한 스튜디오는 어떤 공간인가요?

A: 2016년 10월에 오픈한 우아한 스튜디오는 금속 공예 및 디자인 스튜디오로 금속 공예 강의, 주얼리 판매와 주문 제작 등 다양한 디자인 작업을 진행하는 공간입니다.

Q: 마음에 드는 공간은 어떻게 찾았나요?

A: 처음 공간을 찾을 때 내가 좋아하는 동네이면서 감각 있는 동네를 주로 고려했어요. 좋아하는 동네여야 내 공간에서도 잘 지낼 수 있다고 생각했고, 잠깐씩 산책하더라도 동네에서 영감을 받고 싶어서 여러 동네를 몇 달에 걸쳐 돌아다녔습니다. 동네를 정하고 두 번째로 고려한 부분이 금액이었어요. 회사를 그만두고 처음으로 시작한 사업이다 보니, 초기 자본금(보증금+권리금 5천만 원 이하)과 월 고정비(월세 200만 원 이하)를 최소로 쓸 수 있는 공간을 찾았습니다. 혼자서 작업하고 수강생도 적게 받으려는 생각으로 크기는 10평 이내로 정했고, 혼자서 작업하는 시간이 길 것을 고려해서 대로변과 주말이나 휴일에 사람이 많이 찾아오는 곳은 피하려고 했어요. 그러면서도 매출을 고려해야 했기에 사람이 아예 다니지 않는 구석진 곳이 아닌 유동 인구가 어느 정도 있는 곳을 찾았습니다. 한남동 구석구석을 몇 개월간 돌아다니

다 근처에 순천향병원과 다수의 사무실이 있어 유동 인구를 보장할 수 있으면서 혼자서 작업과 판매를 할 수 있는 지금의 공간을 찾게 됐습니다.

Q: 인테리어 콘셉트가 있나요?

A: 트렌드를 따라가는 인테리어보다 시간이 지나도 멋스러울 수 있는 모던하고 세련된 디자인 '세련되게, 우아하게'를 목표로 했어요. 그래서 Black & White를 메인 컬러로 정하고 점, 선, 면이 만나는 디자인 콘셉트로 공간을 디자인했습니다. 그리고 인테리어 공사를 진행할 때 브랜드 콘셉트를 잘 보여 주되 금액을 최소화하기 위해 하나의 인테리어 업체에 공사를 다 맡기지 않고 기초 공사, 조명 공사, 외부 공사 업체를 각각 직접 선택해 공사를 진행했고, 콘셉트에 맞게 디스플레이 소품과 집기도 직접 디자인해 제작했습니다.

Q: 10년이나 다니던 직장을 그만두고 창업을 하게 된 계기가 있나요?

A: 패션 회사 VMD(visual merchandiser)로 10년 동안 일하면서 다양한 디자인과 관련 일을 해 볼 수 있었고 재미있는 경험과 큰 프로젝트로 보람 있는 일도 많이 할 수 있었지만, 회사라는 곳에서 나의 의지로만 된 디자인을 할 수 없다는 것에 한계를 느끼게 됐어요. 그리고 10년의 경력을 쌓으니 이 직업 안에서 내가 이 정도 경험을 했으면 충분하다 싶은 순간이 왔어요. 언젠가는 회사 내의 높은 자리에 올라가 보

고 싶었던 때도 있었지만, 어느 순간 회사의 높은 자리에 앉아 있는 사람들을 바라보니 닮고 싶은 삶을 사는 사람은 없었어요.

회사에 다니면서 목공 공예, 도자기 공예, 가죽 공예, 금속 공예 등 디자인과 공예에 관련된 여러 가지를 경험했고, 그중 금속 공예에 매력을 느꼈어요. 매주 일요일 저녁마다 금속 공예를 배우면서 다음 날 회사에 출근해야 한다는 압박감을 덜 수 있었고, 공예 실력이 늘어 가면서 나만의 브랜드 창업을 꿈꾸며 계획했습니다. 그리고 여러 상황이 겹쳐져 자연스레 회사를 그만두고 8개월간 창업을 준비해 지금의 우아한 스튜디오를 시작하게 됐습니다.

Q: 여러 가지 일을 하고 있는데 지금 하는 일을 소개해 주세요.

A: 처음 우아한 스튜디오를 시작할 때는 직접 디자인하고 제작한 주얼리 제품을 만들어 판매하는 일과 금속 공예 강의하는 일을 주로 했어요. 타깃으로 삼은 소비자에게 직접 만든 주얼리를 소개하고 판매하는 일, 금속 공예를 강의하는 일은 이제까지 경험할 수 없었던 희열감을 주었어요. 나에게 찾아와 준 한 명의 손님 한 명의 수강생이 감사했고, 그들에게 최선을 다했어요. 그때 그 손님, 수강생들이 연결되어 현재는 주얼리에서 커스텀 오브제까지 다양한 주문 제작 작업을 하게 되었고, 여러 기관과 연계해 10인 이상의 출강 클래스까지 진행하고 있습니다. 또 회사 다녔을 때의 인연들로 다양한 회사의 디자인 작

업, 금속 관련 제작 작업도 진행하고 있어요. 하는 일들이 늘어나면서 주얼리 디자인, 제작, 판매할 시간이 모자라게 되었고, 하나의 아이템으로도 판매를 할 수 있는 플랫폼을 찾다가 최근에는 텀블벅 펀딩으로 실버 마스크 스트랩을 제작했습니다. 현재 여러 가지 일들을 하고 있고, 각각의 일들은 그들만의 매력을 갖고 있습니다. 그 일들이 서로 연계가 돼 새로운 일을 하게끔 도움을 주고 있어요. 앞으로도 새로운 일에 두려워하지 않고 도전해 보는 삶을 살아보고 싶습니다.

Q: 현재 서울 이외의 다른 곳에 2호점도 운영하고 있는데 그 공간은 어떻게 운영되고 있나요?

A: 2016년 10월에 서울 한남동에서 우아한 스튜디오를 시작했고, 2020년 9월에 전라남도 영광에 2호점을 오픈했습니다. 처음부터 2호점 오픈을 계획하지는 않았어요. 2019년 영광에 계신 예술 관련 지인들의 권유로 교육청, 청소년 기관과 연계해 청소년들을 위한 클래스를 시작하게 되었고, 지금은 청소년 단체의 이사직까지 맡고 있어요. 청소년 관련 일들을 많이 하다 보니 자연스레 청소년 교육에 관심이 생겼고, 좀 더 적극적인 교육을 하기 위해선 공간이 필요하다는 생각이 들었습니다. 그러던 중 2020년 영광군에서 진행한 청년 창업 프로그램에 참여하게 되면서 우아한 스튜디오 2호점을 오픈하게 되었습니다. 2호점은 교육이 주목적이어서 교육이 계획된 날만 오픈하고 있고, 그 외의 시간은 1호점을 오픈하고 있어요. 2호점이 생기고 외부 클래스

와 개인 작업이 많아지고 있어 1호점은 직원 고용을 고려해 봤으나 아직은 혼자 운영할 수 있다고 판단했습니다. 향후 1호점은 작업을 주목적으로 하는 공간으로 판매나 클래스는 예약제로 운영할 계획입니다.

Q: 회사 생활과 창업 사이에서 고민하는 예비 창업자들에게 해 주고 싶은 말이 있나요?

A: 고민만 한다고 모든 일이 해결되지는 않습니다. 주변에 난 뭘 해야 하지 항상 묻기만 하는 친구들이 있어요. 내가 관심 있는 일, 할 수 있는 일들을 찾아보고 그중 나에게 맞는 일을 직접 경험해 봐야 정말 내가 해야 할 일이 무엇인지 구체적으로 보일 거예요. 회사 업무에 지쳐 다른 무언가를 시작할 여력이 없다는 것을 잘 알지만 나를 위한 새로운 삶을 계획한다면 지금 하는 일 말고 새로운 무언가를 스스로 해 보는 것이 어떨까요? 늦지 않았습니다. 무엇이라도 경험해 보세요.

Q: 앞으로의 꿈이나 계획이 있나요?

A: 지금 하는 일에 파묻히지 않고 앞으로 나아가는 삶을 살고 싶습니다. 주어진 일을 잘해 나가는 방법을 찾고 또 새로운 어떤 기회가 생긴다면 주저하지 않고 하려고 합니다. 올해는 어렸을 적 치던 피아노를 다시 배워 보고 싶습니다. 취미였던 금속 공예가 직업이 되어 버려서 나를 쉬게 해 줄 새로운 취미 생활이 필요하거든요. 또 모르죠. 언젠가 피아노와 연관된 어떤 일을 하고 있을지도요.

우아한
STUDIO

우아한 스튜디오

대표: 이현희

주소: 서울특별시 용산구 한남대로21길 24, 1층

인스타그램: @wooahan_studio

mmj

W Concept, 29CM, HAGO.
3대 온라인 숍에 입점하다

Q: mmj는 어떤 브랜드인가요?

A: mmj(엠엠제이)는 2019년에 오픈한 'made by minjung'으로 저의 이름인 '민정'과 '나로 인해 만들어진다'는 뜻을 담은 브랜드입니다. 주얼리를 착용하는 가장 단순하고 큰 이유가 아름다움이 목적이잖아요. 나 자신의 아름다움이 짙어질 수 있는, 오랜 시간 함께할 수 있는 주얼리를 제작하고 있습니다. 본연의 분위기를 잃지 않으면서 특별함이 자연스럽게 녹아드는 익숙한 듯 낯선 수공예만의 분위기를 담는 것에 중점을 두고 있습니다.

Q: 온라인 창업을 결심하게 된 계기가 있나요?

A: 원래 집이 대구라서 집 근처에서 공방을 오픈하려고 했는데, 창업을 준비하느라 서울에서 지내게 되면서 자연스럽게 온라인으로 창업을 준비하게 되었어요. 요즘은 어떤 품목을 판매하든 온라인이 큰 비중을 차지하잖아요. 오프라인 매장을 찾는 손님들도 온라인 사이트를 물어보는 경우가 많더라고요. 저 또한 그렇고요. 온라인은 판매 방식의 주가 되든 부가 되든 꼭 필요한 사항이라 생각했고, 창업 후 매장을 오픈하더라도 바탕이 있어야 계속 이어 갈 수 있다는 생각으로 온라인 창업을 시작하게 되었습니다.

Q: 온라인 편집숍 입점을 위한 노하우나 방법이 있을까요?

A: 요즘은 입점사마다 입점 신청란이 잘되어 있어 큰 어려움은 없었어요. 업체 측에서 SNS나 홈페이지를 보고 먼저 입점 제의가 오는 곳도 있었지만 그렇지 않은 곳은 발품을 팔았어요. 입점 신청란이 있는 곳은 양식에 따라 입점 신청서를 작성해서 제출했고, 신청란이 없는 곳은 연락 가능한 메일을 찾아서 보내고 또 보냈습니다. 그럼 입점 관리 담당자가 메일로 다시 안내해 주시더라고요. 노하우보단 입점 방법을 찾고 연구해서 끊임없이 시도했습니다.

Q: 온라인 몰 입점 시 주의해야 할 사항이 있나요?

A: 업체에 따라 다르지만, 수수료가 평균 30% 정도로 판매 수익률이 높은 편은 아니에요. 게다가 세일 등의 자체 할인이 추가된다면 순수익이 더욱 낮은 편이죠. 정산 또한 자사몰보다 더 오래 걸리기 때문에 입점사마다 수수료 비율과 정산 일정을 확인한 후 신중히 검토하여 자신과 맞는 업체에 입점하시길 추천합니다.

Q: 온라인 쇼핑몰에 입점하려면 룩북(lookbook)이 꼭 필요한가요? 룩북 촬영은 어떻게 준비했나요?

A: 룩북 결과물에 가장 큰 영향을 주는 건 사진 퀄리티라고 생각합니다. 그래서 제일 먼저 원하는 분위기와 콘셉트에 맞는 포토그래퍼부터 찾았어요. SNS에서 #룩북, #포토그래퍼 등의 해시태그를 검색해서

원하는 분위기의 사진을 수집하고 포토그래퍼를 선택했습니다. 같은 방법으로 모델, 메이크업, 스튜디오를 선택해서 전체적인 브랜드 콘셉트에 맞는 룩북 촬영이 가능하도록 준비했고 대략 300만 원 정도의 비용이 들었습니다.

촬영 전 모델의 착용 사이즈를 미리 확인해서 사이즈에 맞는 주얼리를 준비하고, 주얼리 촬영인 만큼 모델의 손이나 네일아트 여부 등을 에이전시 쪽에 확인하는 것이 좋아요. 그리고 스튜디오 이용 시간이 정해져 있어서 시간 안에 완성도 높은 작업을 하려면 미리 의상에 어울리는 헤어와 메이크업 그리고 거기에 맞는 주얼리를 세팅해 촬영 순서를 정해 놓으면 도움이 돼요. 룩북은 수많은 브랜드가 함께하는 편집숍 속에서 자신의 브랜드와 제품을 잘 나타내는 것이 중요하기 때문에 브랜드 스토리와 표현하고자 하는 부분이 명확해야 해요. 그리고 꼭 전문가가 찍은 결과물이 아니더라도 내 생각과 메시지를 표현할 수 있다면 내가 직접 촬영하는 결과물 또한 멋진 룩북이 될 수 있다고 생각합니다.

Q: 자사몰과 입점 판매 중 매출이 더 좋은 것은 어디이며 여러 입점처를 관리하는 데 어려움은 없나요?

A: 처음 시작하는 단계라면 입점하는 것을 추천해 드립니다. 유동 인구가 많은 곳이 임대료가 비싸듯 자사몰보다는 수수료 비중이 크지만, 편

집숍에서 진행하는 신규 입점 이벤트나 할인 행사를 참여한다면 그만큼 노출이 많이 되기 때문에 판매에 유리해요. 온라인 마케팅을 할 여유가 없다면 수수료=홍보비 개념의 운영은 괜찮다고 생각합니다. 그리고 여러 곳에 입점하면 일의 양이 늘어나는 것뿐, 처리해야 할 양식은 입점사 구분 없이 대부분 비슷하니 부지런하다면 큰 어려움은 없는 것 같아요. 오히려 여러 곳에 입점하다 보니 사람들이 어떤 제품을 좋아하고 무엇을 원하는지 빠르게 파악할 수 있어 좋은 점도 있습니다. 그렇다고 무조건 여러 곳에 입점한다고 좋은 건 아니에요. 입점하고자 하는 곳이 자신의 제품과 분위기에 잘 어울리는지 그리고 입점 약관이나 수수료 등을 꼼꼼히 파악한 후 입점하는 것을 추천합니다.

Q: 앞으로의 꿈이나 계획은 무엇인가요?

A: 저는 평소 '누군가가 내가 만든 물건을 오래오래 소중히 여긴다는 것은 어떤 기분일까?'라는 생각만으로도 뿌듯하고 가슴이 벅차더라고요. 오랜 시간 함께할 수 있는 제품을 만들고 공유하는 공간으로 성장하고 싶어요. 그리고 동물들을 도울 수 있는 기획이나 협업을 통한 제품 판매도 해 보고 싶습니다. 아름다운 것을 만들고 아름다운 마음을 가진 따뜻한 브랜드가 될 수 있길!

Q: 온라인 쇼핑몰을 준비하는 분들께 해 주고 싶은 말이 있나요?

A: 온라인 쇼핑몰은 오프라인 매장처럼 매일 출근해야 하는 것이 아니

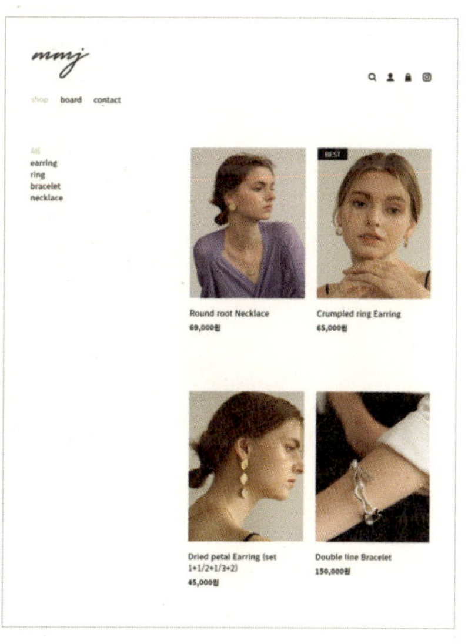

라서 자칫 나태해지기 쉽습니다. 미루고 게으름 피우면 일이 쌓이고 쌓여 결국은 지치게 되죠. 모든 것을 다 제때 미루지 말고 하는 것이 중요합니다. 요즘은 자기만의 색과 취향이 분명한 브랜드들이 많이 생겨나고 온라인 쇼핑몰은 이미 셀 수 없이 많아요. 처음 하는 일인 만큼 시행착오도 많고 제품이 잘 안 팔릴 수도 있어요. 남들이 하니깐 나도 해야 하나? 요즘 유행하네? 하고 휩쓸릴 수도 있어요. 하지만 수많은 브랜드 중에 기억될 수 있는 자기만의 취향, 색을 잃지 않는 것이 가장 중요하고 꼭 필요한 일이라고 생각해요. 저 또한 저만의 색을 채워 나가기 위해 노력하는 중이고요. 자신만의 색으로 채운 멋진 브랜드로 오래 함께할 수 있기를 응원합니다!

handcrafted jewelry
handcrafted designer
jewelry brand

mmj

대표: 박민정
홈페이지: www.m-mj.kr
인스타그램: @mmj.jewelry

프롬마스

온라인 숍, 오프라인 숍, 플리마켓, 페어, 클래스. 5마리의 토끼를 잡다

Q: 프롬마스는 어떤 공간인가요?

A: 프롬마스는 2017년 12월 온라인으로 아주 작게 시작한, 핸드메이드 천연석 주얼리를 만들고 판매하는 주얼리 브랜드입니다. 처음에는 열정 하나만으로 딸랑 목걸이 5개를 온라인 숍에 업로드한 상태에서 다짜고짜 창업했어요. 현재는 온라인 쇼핑몰과 오프라인 쇼룸 겸 공방을 운영 중입니다.

Q: 프롬마스를 처음 오픈하게 된 계기는 무엇인가요?

A: 저의 전공은 주얼리와 전혀 상관이 없는 문헌정보학과 신문방송학입니다. 어렸을 때부터 무언가를 만들거나 그리는 활동을 좋아했고 상도 많이 받았어요. 그런데 선뜻 예술과 관련된 분야로 진로를 정하기가 두렵기도 하고 부모님도 말리셔서 남들이 하는 대로 공부해서 취업률이 높은 과로 진학했죠. 그렇게 꿈도 없이 대학교에 다니는데 취업 준비도 어렵고 하고 싶은 것도 없고 너무 심란하더라고요. 그러다 우연히 금속 공예 공방과 관련된 블로그 글을 보다가 꽂혀서 한 달만 다녀 보자는 생각으로 금속 공예 정규반 클래스를 듣게 되었어요. 첫날부터 선생님이 잘한다고 칭찬도 많이 해 주셨고, 섬세한 작업에 집중하며 그동안 갖고 있던 고민도 잊고 마음껏 몰두할 수 있어 행복했

어요. 그 후로 매일 공방 가는 날만 기다렸고 몇 달쯤 지났을 때 진지하게 이 분야를 한번 배워 보고 싶었어요. 천연석의 아름다움과 손으로 만드는 것의 고유함이 매력적이었거든요.

금속 공예에 관심이 많았지만, 처음엔 회사에 취직해 직장 생활을 했어요. 그런데 매일 같은 곳에 앉아 같은 사람들과 같은 일을 하는 일상이 너무 고통스러웠어요. '아직 20대인데 이렇게 매일 같은 일을 지겹게 하다 늙어 죽는 건가?'라고 생각을 하다가 공방 창업할 비용을 모으면 그만두기로 결심했습니다. 결국 비용은 다 모으지 못했지만, 1년 후 회사 생활에 회의를 느껴 그만두고 비교적 비용이 적게 드는 온라인 창업을 시작했습니다.

Q: 온라인에서 오프라인 매장을 오픈하게 된 계기가 있나요?

A: 온라인만 운영하다 보니 아무래도 혼자 모든 것을 결정하고 제작해야 했고, 함께 일하는 사람도 없어서 우울한 순간이 오더라고요. 그러다가 핸드메이드 페어와 플리마켓에 나가게 되었는데 손님들의 반응을 바로바로 확인할 수 있었고, 온라인으로만 대화하던 단골손님도 만날 수 있어서 일이 훨씬 더 재미있어졌습니다. 그리고 시간이 지나 판매 경험이 쌓이면서 스스로 더 큰 일을 벌일 준비가 되었다고 생각했고 매일 출근하는 나만의 번듯한 공간이 갖고 싶어져서 오프라인 매장을 시작하게 되었습니다.

Q: 오프라인 매장을 준비한 시간은 어느 정도이고 창업 비용은 어느 정도 들었나요?

A: 사실 오프라인 매장은 늘 갖고 싶었기 때문에 6개월~1년 전부터 습관적으로 부동산 앱에 들어가 상권 공부도 하고 매물 가격도 계속 체크했습니다. 그래서 매장을 열기로 결심하고 매물을 보러 다니며 공간을 계약하기까지는 3주 정도밖에 걸리지 않았어요. 인테리어를 하나부터 열까지 다 해야 하는 빈 공간은 시간적, 금전적 투자가 많이 필요해서 권리금을 주고 카페로 운영되었던 공간을 계약했습니다. 그래서 인테리어 공사도 2주 안에 끝낼 수 있었고, 인테리어 비용은 권리금, 추가로 진행한 인테리어 공사, 소품 구매로 총 1천 500만 원 정도 들었습니다. 프롬마스에 들어오면 반은 주얼리를 구경하고 구매할 수 있는 쇼룸이고, 반은 주얼리 제작과 클래스가 진행되는 공방이에요. 쇼룸은 전시할 주얼리와 디스플레이 소품 정도로 큰 비용이 들지 않았는데, 공방은 클래스용 작업 책상, 불 작업대, 레이저 각인기, 광택기, 집진기, 바렐기 등등 크고 작은 제작 도구를 사는 데 비용이 꽤 들었습니다. 오프라인 공간을 준비하는 비용은 총 4천만 원 정도 들었습니다.

Q: 여러 가지 일을 혼자서 다 해 나가려면 나만의 노하우가 필요할 것 같아요. 시간 관리 비법이 있나요?

A: 시간이 조금이라도 남으면 일을 틈틈이 해 두는 편입니다. 온라인 사

진 편집이나 업로드도 클래스 전 수강생을 기다리며 한 컷이라도 작업해 두고, 친구 만나러 가는 길에 재료상을 잠깐이라도 들러 일을 처리하려고 해요. 사실 이렇게 해도 온라인 쇼핑몰, 오프라인 공방, 클래스를 운영하기 때문에 휴무인 월요일도 쉰 적이 거의 없어요. 하지만 제가 좋아하는 일을 해서 그런지 정신적으로는 힘들지 않아요. 체력적으로는 정말 힘들긴 합니다. 공방 출근 전에는 그날 할 클래스 준비와 온라인 쇼핑몰 업무를 하고, 퇴근 후에는 온라인 판매용 사진 편집 작업을 해요. 그래서 침대에 누우면 5초 만에 잠이 들어요. 그래도 체력적으로 힘든 것이 하기 싫은 일을 하면서 정신적으로 고통받는 것보다는 훨씬 좋은 것 같습니다.

Q: 매장을 운영하면서 기억에 남거나 힘든 일은 없었나요?

A: 제가 오프라인 매장을 오픈한 지 두 달 정도 지나 처음으로 클래스 예약도 받고 크리스마스 성수기를 맞았을 때였어요. 출근 전 아침에 집에서 자고 있는데 건물주 사장님이 전화가 와서 가게에 물난리가 났다고 빨리 와 보라고 하시더라고요. 너무 놀라서 달려갔는데 절망 그 자체였어요. 제 매장은 1층이었고, 2층부터 4층은 주거 시설 형태의 건물이었는데 거주자 중 누군가가 변기에 쓰레기를 버려 하수관이 막혀 오물이 배관을 타고 1층 천장에서 터졌어요. 작업용 기계부터 작은 포장 용품까지 다 물에 잠겨 버렸어요. 그냥 물도 아니고 오수여서 다시 쓸 수 있는 게 거의 없었어요. 보험사와 보상 문제로 피

해 현장을 빨리 치울 수도 없어서 두 달 동안 매장을 닫아야 했고, 그 후 인테리어 공사를 다시 하고 제품도 다시 제작해야 했어요. 그때는 너무 힘들어서 위염을 달고 살았는데 그 일이 전화위복이 되어 지금은 웃으며 말할 수 있습니다.

Q: 슬럼프가 올 때는 어떻게 극복하나요?

A: 슬럼프가 올 때는 다른 분들의 작업 공간이나 매장을 돌아보는데 그게 많은 도움이 됩니다. 같은 일을 하는 분들과 얘기하다 보면 시야가 넓어지기도 하고 힘이 나더라고요. 그리고 꼭 같은 업종이 아니어도 다른 분들이 운영하는 공간에 가서 이것저것 구경하다 보면 초심을 찾기도 하고 위로를 받기도 해요. 실제로 공방 근처 매장에 구경 다니다가 다른 사장님들과 친해져서 서로 힘들고 지칠 때 의지하기도 하고, 새로운 제품이나 이벤트를 기획할 때 의견을 주고받기도 해요.

Q: 온라인 숍, 오프라인 숍, 플리마켓, 페어, 클래스 중 매출이 가장 좋은 것과 힘든 것은 무엇인가요?

A: 저의 경우에는 클래스 매출이 가장 높습니다. 클래스가 적성에 제일 잘 맞고, 공방이 가진 특성을 살리기 위해 클래스 홍보에도 가장 열심인 편입니다. 사실 다섯 가지 모두 힘들지만 플리마켓과 페어가 체력적으로 가장 힘들어요. 플리마켓이나 페어에 참가하기 위해 100여 가지의 주얼리를 제작하는 것부터 주최 공간까지 주얼리와 소품을 들

고 가는 것도 힘들고 하루 종일 부스를 지켜야 하는 것도 힘들더라고요. 그래도 단기간 큰 매출을 내는 건 플리마켓과 페어라서 기회가 될 때마다 참가하는 편입니다. 매출을 보면 고통은 참을 만하더라고요!

Q: 앞으로의 꿈이나 계획이 있나요?

A: 할머니가 될 때까지 계속 이 분야를 공부해서 금속 공예 분야의 장인이 되고 싶습니다. 늙어서도 이 일을 즐겁게 하는 열정이 있었으면 좋겠고, 지금 단골손님들이 몇십 년 후에도 찾는 주얼리를 만들고 싶어요. 또 지금 가르치는 수강생들이 멋진 브랜드를 만들고 자신만의 공방 여는 것을 보고 싶고, 이 분야를 꿈꾸는 사람들에게 강의도 해 주는 전문가가 되고 싶어요. 그래서 요즘은 더 많은 경험을 위해 틈틈이 새로운 기술도 배우고, 새로운 디자인 제작에도 도전해 보고 있습니다.

Q: 공방을 준비하는 사람들에게 해 주고 싶은 말이 있나요?

A: '해 보고 잘 안되면 그만둬야지'라는 생각이 조금이라도 든다면 공방 창업을 말리고 싶습니다. 실력이 좋더라도 끈기와 독기가 없다면 사람들에게도 스스로에게도 인정받을 수 없다고 생각해요. '이 일을 시작하면 되돌아가는 길은 없다'는 마음으로 꾸준히 계속해 나간다면 지금 당장은 아니더라도 분명히 언젠가는 목표에 다가갈 수 있다고 생각해요. 공방 운영이나 창업 모두 실력도 중요하지만 꾸준히 노력하고 오래 버티는 사람이 살아남으니까요.

프롬마스
From Mars
From Mars
OPEN

프롬마스

대표: 박정연

주소: 경기도 수원시 영통구 권선로882번길 26-55, 1층

홈페이지: www.frommars.co.kr

인스타그램: @frommars.studio, @frommars.co.kr

에필로그

새로운 시작을 하는 이들에게

손으로 만드는 것이 좋아서 좋아하는 일을 하고 싶다는 마음만으로 공방을 시작했다. 힘든 순간도 있었고 마음대로 되지 않아 좌절하는 순간도 포기하고 싶은 순간도 있었다. 그렇지만 끝까지 포기하지 않고 버틸 수 있었던 것은 '좋아하는 일을 한다는 마음' 하나였다.

책을 쓴다는 것도 다르지 않았다. 좋아하는 일을 하고 싶다는 마음으로 무작정 공방 오픈을 결심했던 10년 전 그때와 같은 마음이었다. 준에이치 스튜디오에서 처음으로 금속 공예를 배우고, 처음으로 좋아하는 것을 알게 되었다는 수강생들을 보면서 그들에게 무언가 조금이라도 도움이 되는 일을 하고 싶었다. 그렇게 시작했던 책 쓰기 프로젝트는 나에게 또 하나의 새로운 시작이고 도전이었다. 부족한 시간에 부족한 실력으로 글을 쓰는 것은 쉽지 않았다.

새로운 일을 시작한다는 것은 설레기도 하지만 잘하고 있는 것인지, 이 길이 맞는 것인지 끝을 알 수 없는 불확실함으로 끊임없는 불안과 의심 속에서 멈추고 싶은 순간이 온다. 책을 쓰면서도 그만두어야 할 여러 가지 변명과 이유를 만들어 내기도 했다. 그렇게 많은 유혹의 순간들을 이겨 내고 쓴 글이 드디어 세상에 나오게 되었다.

이 책은 좀 더 나답게 내가 좋아하는 일을 하며 살고 싶어 시작했던 공방을 운영하면서 겪었던 이야기다. 처음 공방을 운영하면서 정보도 경험도 부족해 수많은 시행착오를 겪었던 과거의 나를 떠올리며 내가 몸소 부딪치면서 겪은 현실적인 내용을 담았다. 과거의 나와 같은 마음으로 처음 공방을 시작하는 사람들이 이 책을 통해 조금이나마 편안하게 그들의 첫 공방을 시작했으면 좋겠다. 그리고 더 이상 망설이지 말고 용기 내어 시작해 보라고 말해 주고 싶다.

그리고 마지막으로 2년에 걸친 책 쓰기 프로젝트를 완수하도록 응원해 준 준에이치 수강생분들과 늘 곁에서 힘이 되어 준 가족들 그리고 부족한 원고를 한 권의 책으로 나오게 해 주신 유나영 편집자님과 크루 출판사에 진심으로 감사의 말을 전합니다.

꿈을 담아,
공방

초판인쇄 2022년 4월 18일
초판발행 2022년 4월 18일

지은이 배준희
발행인 채종준

출판총괄 박능원
편집장 지성영
책임편집 유나영
디자인 서혜선
마케팅 문선영 · 전예리
전자책 정담자리

브랜드 크루
주소 경기도 파주시 회동길 230(문발동)
문의 ksibook13@kstudy.com

발행처 한국학술정보(주)
출판신고 2003년 9월 25일 제406-2003-000012호

ISBN 979-11-6801-304-9 13320

크루는 한국학술정보(주)의 출판브랜드입니다.